RECHERCHES

ARCHÉOLOGIQUES

Paris. — Imprimerie de Adolphe Lainé, rue des Saints-Pères, 19.

Th Muller lith — Imp. Lemercier et Cie Paris

ACROPOLE D'ATHÈNES ET THÉATRE D'HÉRODE.

ITHAQUE
LE PÉLOPONNÈSE
TROIE

RECHERCHES ARCHÉOLOGIQUES

PAR

HENRY SCHLIEMANN.

> Νῦν δὲ δὴ Αἰνείαο βίη Τρώεσσιν ἀνάξει
> Καὶ παίδων παῖδες, τοί κεν μετόπισθε γένωνται.
> *Il.* XX, 307-308.

PARIS
C. REINWALD, LIBRAIRE-ÉDITEUR
RUE DES SAINTS-PÈRES, 15.

1869

PRÉFACE.

Lorsque, à Kalkhorst, village du Mecklembourg-Schwerin, à l'âge de dix ans, je présentai à mon père, comme étrennes pour la fête de Noël 1832, un récit, en mauvais latin, des principaux événements de la guerre de Troie, et des aventures d'Ulysse et d'Agamemnon, j'étais loin de penser que, trente-six ans plus tard, j'offrirais au public un livre sur le même sujet, après avoir eu le bonheur de voir de mes propres yeux le théâtre de cette guerre et la patrie des héros dont Homère a immortalisé les noms.

Dès que j'avais su parler, mon père m'avait raconté les grands exploits des héros homériques ; j'aimais ces récits ; ils me charmaient ; ils m'enthousiasmaient. Les premières impressions que l'enfant reçoit lui restent pendant toute la vie, et quoiqu'il me fût réservé d'entrer dès l'âge de quatorze ans dans l'épicerie de M. E. Lud. Holtz, dans la petite ville de Fürstenberg en Mecklembourg, au lieu de suivre la carrière des lettres, pour laquelle je me sentais un goût extrême, je conservai toujours pour les gloires de l'antiquité le même amour que j'avais eu dans ma première enfance.

Dans la petite boutique où j'ai été employé pendant cinq ans et demi, d'abord chez ledit M. Holtz, et puis chez son successeur l'excellent M. Th. Hückstaedt, mon occupation était de vendre en détail du hareng, du beurre, de l'eau-de-vie, du lait, du sel, de moudre les pommes de terre pour la distillerie, de balayer la boutique, etc. ; je n'étais jamais en contact qu'avec la basse classe de la société.

Je travaillais dès cinq heures du matin jusqu'à onze heures du soir, et je n'avais pas un moment libre pour étudier. Aussi j'oubliai vite le peu que j'avais appris dans mon enfance, mais je ne perdais pas pour cela le désir d'apprendre; certes, je ne le perdais pas, et je me souviendrai toute ma vie qu'un soir entra dans notre boutique un garçon meunier ivre. C'était le fils d'un pasteur protestant d'un village près de Teterow :

il avait presque fini ses études au collége, lorsqu'il en avait été chassé pour cause de mauvaise conduite. Pour le punir, le père lui avait alors fait prendre le métier de meunier. Mécontent de son sort, le jeune homme s'était adonné à la boisson, qui ne lui avait cependant pas fait oublier Homère ; car il nous en récita une centaine de vers en observant le rhythme. Bien que je n'en comprisse pas un mot, cette langue sonore fit néanmoins une profonde impression sur moi, et je pleurai des larmes amères sur mon malheureux sort, et trois fois je me fis répéter ces vers divins, moyennant trois verres d'eau-de-vie que je payai des quelques sous qui constituaient toute ma fortune. A partir de ce moment, je n'ai jamais cessé de prier Dieu de m'accorder la grâce d'apprendre un jour le grec.

Mais il n'y avait aucun espoir pour moi de sortir de la triste et humble situation dans laquelle je me trouvais. Cependant j'en fus sauvé par un miracle. En levant une barrique trop lourde je m'endommageai la poitrine; je crachais le sang, et je n'étais plus capable de travailler. Au désespoir, j'allai à Hambourg, où je réussis à me faire accepter comme mousse à bord d'un navire en destination de Laguayra en Venezuela.

Nous quittâmes Hambourg le 28 novembre 1841; mais le 12 décembre, dans un ouragan terrible, nous fîmes naufrage sur la côte du Texel. Après mille dangers, tout l'équipage fut sauvé. Je pensai alors que ma destinée était de rester en Hollande, et je résolus d'aller à Amsterdam pour devenir soldat. Mais cela n'allait pas aussi vite que je l'avais pensé; quelques florins que j'avais réussi à ramasser en demandant l'aumône sur l'île de Texel et à Enkhuyzen furent dépensés en deux jours à Amsterdam. A bout de ressources, je feignis d'être très-malade, et je fus admis à l'hôpital. Je fus tiré de cette affreuse position par le brave courtier de navire, J.-F. Wendt, de Hambourg, qui, ayant entendu parler de mes malheurs, m'envoya le produit d'une petite collecte qu'il avait faite pour moi. Il me recommanda en même temps à l'excellent M. W. Hepner, consul général de la Confédération du Nord à Amsterdam, qui me procura une place de garçon de bureau chez M. F.-C. Quien.

Dans ma nouvelle place, mon occupation était de faire timbrer des lettres de change et de les encaisser en ville, de porter des lettres à la poste, et d'en chercher d'autres. Cette occupation machinale me plaisait; car elle me laissait le temps de songer à mon éducation négligée.

Je m'empressai d'abord d'apprendre à écrire lisiblement, et je me mis immédiatement après à l'étude des langues modernes, pour améliorer ma situation. Mes appointements ne s'élevaient qu'à 800 francs par an : je dépensais pour mes études la moitié de cette somme, de l'autre moitié je vivais; mais j'en vivais péniblement. J'habitais pour huit francs par mois une misérable mansarde sans poêle, dans laquelle je grelottais en hiver et je rôtissais en été; un peu de bouillie de farine de seigle composait mon déjeuner; mon dîner ne me coûtait jamais plus de quatre sous. Mais rien ne stimule plus à l'étude que la misère et la perspective certaine d'en sortir à force de travail.

Aussi me mis-je d'abord à l'étude de l'anglais avec un zèle inouï. La nécessité m'indiqua alors une méthode qui facilite énormément l'étude des langues; cette méthode est de lire beaucoup à haute voix, de ne jamais faire de traductions, de prendre tous les jours une leçon, d'écrire toujours des compositions sur les sujets qui nous intéressent, de les corriger soi-même sous l'œil du maître, de les apprendre par cœur, et de réciter mot pour mot dans la leçon du lendemain ce qu'on a corrigé la veille. Ma mémoire était mauvaise, parce qu'elle n'avait pas été exercée depuis mon enfance; mais je profitais de chaque moment et je volais même du temps pour apprendre; jamais je ne faisais mes courses, même sous la pluie, sans avoir mon cahier à la main et sans apprendre par cœur; jamais je ne faisais queue à la poste sans lire. Je fortifiai ainsi ma mémoire peu à peu, et je réussis en six mois de temps à apprendre à fond la langue anglaise. J'appliquai alors la même méthode à l'étude du français, dont je maîtrisai également les difficultés en six autres mois. Ces études forcées et excessives avaient fortifié ma mémoire dans l'espace d'un an, à tel point que l'étude du hollandais, de l'espagnol, de l'italien et du portugais me parut des plus faciles, et je n'eus pas besoin de mettre plus de six semaines à chacune de ces langues pour la parler et pour l'écrire couramment. Mais ma rage pour les études me faisait négliger mon occupation machinale de garçon de bureau, et surtout lorsque je commençai à la croire indigne de moi; aussi mes chefs ne voulaient pas me faire avancer; ils croyaient probablement qu'un homme qui montre de l'incapacité pour le service de garçon de bureau devait par cela même être totalement incapable d'une occupation supérieure.

Enfin, par l'intercession de mes braves amis, L. Stoll de Mannheim et Ballauff de Brême, je réussis à obtenir une place comme correspondant et teneur de livres au bureau de MM. B.-H. Schröder et Cie d'Amsterdam, qui m'engagèrent aux appointements de 1,200 francs; mais, voyant mon zèle, ils me payaient 2,000 francs pour m'encourager. Cette générosité, pour laquelle je leur serai éternellement reconnaissant, fit en effet mon bonheur; car, croyant que je pourrais peut-être me rendre plus utile par la connaissance de la langue russe, je me hâtai de l'apprendre. Mais je ne pus me procurer en fait de livres russes qu'une vieille grammaire, un dictionnaire et une mauvaise traduction de *Télémaque*. Malgré toutes mes recherches, je ne réussis pas à trouver un professeur de russe, car il n'y avait personne à Amsterdam qui sût un mot de cette langue. Je me mis donc à étudier seul; et, à l'aide de la grammaire, j'appris en quelques jours les caractères russes et leur prononciation. Je commençai alors à suivre mon ancienne méthode d'écrire des historiettes en russe de ma propre composition et de les apprendre par cœur. Comme je n'avais personne pour corriger mes exercices, ils devaient être affreux ; mais je tâchai en même temps de me corriger par la pratique en apprenant le *Télémaque* par cœur. Je crus que je ferais plus de progrès, si j'avais auprès de moi quelqu'un à qui je pourrais raconter les aventures de Télémaque, et je louai à cet effet, pour quatre francs par semaine, un pauvre juif, qui devait venir chaque soir écouter pendant deux heures mes récits russes, dont il ne comprenait pas une syllabe.

Comme les plafonds en Hollande sont en simples planches, on entend au rez-de-chaussée ce qui se dit au troisième étage. Mes récits à haute voix incommodaient donc beaucoup les autres locataires, qui se plaignaient au propriétaire; et deux fois on me força de déménager pendant mes études de la langue russe. Mais ces désagréments n'affaiblirent point mon zèle, et, au bout de six semaines, j'écrivis ma première lettre russe à un Russe à Londres, et j'étais déjà en état de converser couramment dans cet idiome avec des négociants russes qui étaient venus à Amsterdam pour les ventes publiques d'indigo.

Lorsque j'eus fini l'étude de la langue russe,

je commençai à m'occuper sérieusement de la littérature des langues que j'avais apprises.

Au commencement de l'année 1846, mes braves chefs m'envoyèrent comme agent à Saint-Pétersbourg, où, un an plus tard, j'établis une maison de commerce pour mon propre compte ; mais, pendant les huit ou neuf premières années que je passai en Russie, j'étais tellement surchargé de travaux que je ne pouvais pas continuer mes études de langues, et ce ne fut qu'en 1854 qu'il me fut possible d'apprendre le suédois et le polonais.

Quelque désir que j'eusse d'apprendre le grec, je n'osais pas en commencer l'étude avant d'avoir atteint une certaine position de fortune, car j'avais peur que cette langue ne me charmât trop et ne me détournât de mon commerce. Mais enfin, ne pouvant plus résister au désir d'apprendre, en janvier 1856, je m'y mis vaillamment, d'abord avec M. N. Pappadakes et puis avec M. Th. Bimpos d'Athènes, en suivant toujours mon ancienne méthode. Je n'employai pas plus de six semaines à maîtriser les difficultés du grec moderne, et je me mis ensuite à l'ancienne langue, que j'appris en trois mois suffisamment pour comprendre quelques-uns des anciens auteurs et

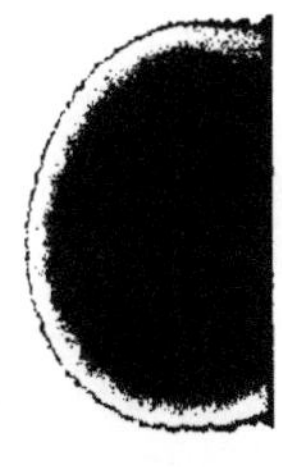

surtout Homère, que je lus et relus avec le plus vif enthousiasme.

Je m'occupai ensuite pendant deux ans presque exclusivement de l'ancienne littérature grecque, et je parcourus dans ce temps presque tous les anciens auteurs, et maintes fois l'*Iliade* et l'*Odyssée*.

En 1858, je visitai la Suède, le Danemark, l'Allemagne, l'Italie et l'Égypte, où je remontai le Nil jusqu'aux deuxièmes cataractes en Nubie. Je profitai de cette occasion pour apprendre l'arabe, et je parcourus ensuite le désert du Caire à Jérusalem; je visitai Pétra, je parcourus toute la Syrie, et j'acquis ainsi une assez longue pratique de la langue arabe, dont j'ai fait ensuite une étude approfondie à Saint-Pétersbourg. Après la Syrie, je visitai Athènes, pendant l'été de 1859, et j'allais partir pour l'île d'Ithaque, lorsque je tombai malade et fus obligé de retourner à Saint-Pétersbourg.

Le Ciel avait béni mes opérations commerciales d'une manière miraculeuse, de sorte qu'à la fin de 1863, je me trouvais en possession d'une fortune, à laquelle mon ambition n'avait jamais osé aspirer. Je me retirai donc alors entièrement du commerce, pour me livrer exclu-

sivement aux études qui ont le plus d'attrait pour moi.

En 1864 j'étais en route pour visiter la patrie d'Ulysse et la plaine de Troie, lorsque je fus entraîné à aller aux Indes, en Chine, au Japon et à faire le tour du monde. Je passai deux ans dans ce voyage, et à mon retour, en 1866, je me suis fixé à Paris pour donner le reste de ma vie aux lettres, et pour m'occuper principalement d'archéologie, car cette science a le plus grand charme pour moi.

Je pouvais enfin réaliser le rêve de toute ma vie et visiter à loisir le théâtre des événements qui m'avaient tant intéressé, et la patrie des héros dont les aventures ont charmé et consolé mon enfance. Je partis donc l'été dernier, et je visitai successivement les lieux où sont encore si vivants les souvenirs poétiques de l'antiquité.

Pourtant je n'avais pas l'ambition de publier une étude sur ce sujet, et l'idée ne m'en est venue qu'en constatant les erreurs de presque tous les voyageurs archéologues sur la place occupée jadis par la capitale homérique d'Ithaque, les étables d'Eumée, l'île d'Astéris, l'ancienne Troie, les tumulus de Batieia et d'Æsyétès, le tombeau d'Hector, etc.

De plus, outre que j'ai l'espoir de redresser des opinions que je regarde comme erronées, je serais heureux de contribuer à répandre dans l'intelligent public français le goût des belles et nobles études, qui ont soutenu mon courage dans les dures épreuves de ma vie, et qui charmeront mon repos pendant le reste de mes jours.

HENRY SCHLIEMANN.
6, place Saint-Michel.

Paris, le 31 décembre 1868.

RECHERCHES
ARCHÉOLOGIQUES.

CHAPITRE PREMIER.

CORFOU.

Identité de Corfou avec la Schérie d'Homère. — Étymologie du mot Corfou. — Histoire de l'île. — Les deux îlots ressemblant à deux goëlettes. — Palæopolis. — Les deux ports homériques. — Κρεσσίδα Βρύσις. — Les lavoirs de Nausicaa. — Ancienne inscription. — Manque de lignes de démarcation entre les propriétés à Corfou.

J'arrivai, le 6 juillet, à 6 heures du matin, à Corfou, capitale de l'île du même nom ; je m'y arrêtai deux jours pour voir le pays.

Selon le témoignage unanime de l'antiquité, c'est l'île *Schérie*, ou *Phéacie* d'Homère (*Odyssée*, V, 34); elle était appelée aussi *Drépane*, Δρεπάνη, à cause de sa ressemblance avec la forme d'une faucille (*Apollonius*, IV, 983 ; *Pline*, IV, 19).

Le mot *Schérie* provient sans doute du phénicien *schera*, commerce, et comme le nom des Phéaciens ressemble aussi beaucoup au mot *Phéniciens*, « Φοίνικες », il est probable que les Phéaciens étaient d'origine phénicienne, quoique Homère nous dise qu'ils étaient originaires d'*Hypérie*, voisine du pays des Cyclopes (*Odyssée*, VI, 3-8).

Βῆ ῥ' ἐς Φαιήκων ἀνδρῶν δῆμόν τε πόλιν τε·
Οἳ πρὶν μέν ποτ' ἔναιον ἐν εὐρυχόρῳ Ὑπερείῃ,
Ἀγχοῦ Κυκλώπων, ἀνδρῶν ὑπερηνορεόντων,
Οἵ σφεας σινέσκοντο, βίηφι δὲ φέρτεροι ἦσαν.
Ἔνθεν ἀναστήσας ἄγε Ναυσίθοος θεοειδής,
Εἷσεν δ' ἐν Σχερίῃ, ἑκὰς ἀνδρῶν ἀλφηστάων.

« Elle alla dans la ville et parmi le peuple des « Phéaciens. Ceux-ci demeuraient auparavant dans la « vaste Hypérie, près des Cyclopes, hommes arro-« gants, qui ravageaient leurs champs, et les surpas-« saient en force. Le divin Nausithoos les fit émigrer « de là, et il les établit à Schérie, loin des hommes « rapaces. »

Les Cyclopes doivent avoir habité la côte est de la Sicile. En effet, on voit sur le rivage de la mer, près de Catane, une immense grotte et, à côté de l'entrée, un énorme bloc de rocher de la même grandeur que l'ouverture. A peu de distance de la mer, s'élèvent deux rochers de forme conique. C'est bien la grotte qu'habitait Polyphème, le bloc avec lequel il la fermait, et, dans la mer, les deux sommets de rochers qu'il arracha et qu'il lança dans la direction où il entendait la voix d'Ulysse (*Odyssée*, IX). On place Hypérie, l'ancienne patrie des Phéaciens, sur la côte sud de la Sicile, à l'endroit où se trouva ensuite Camarina, qui en effet n'est pas éloignée de Catane.

Le nom actuel, *Corfou* ou *Corcyre*, est une corruption de Κορυφώ, nom byzantin de l'île, dérivé des deux hauts pics sur lesquels la citadelle moderne est bâtie. Ce sont probablement les *aeriæ Phæacum arces*, dont Virgile parle (*Éneide*, III, 291). Les Grecs appellent l'île « Κέρκυρα », et on trouve ce nom déjà dans Hérodote (III, 48); Strabon l'appelle « Κόρκυρα », tandis qu'elle porte le nom de « Κέρκυρα » sur les anciennes monnaies.

Elle est située en face de la Chaonie, qui fait partie de l'Épire; elle en est séparée par un canal qui a au nord une largeur de moins de quatre kilomètres; il s'élargit ensuite en formant un golfe, qui a en plusieurs endroits vingt-quatre kilomètres de large; puis il se rétrécit de nouveau jusqu'à sept kilomètres.

La longueur de Corfou est de soixante-cinq kilomètres; sa largeur, de sept à trente-quatre.

L'île est très-montagneuse : la montagne la plus haute, appelée en italien *San-Salvatore*, et en grec, *Pantaleone*, s'élève à plus de mille mètres au-dessus du niveau de la mer. Elle était déjà célèbre dans l'antiquité par sa fertilité ; Xénophon en parle dans son *Histoire de la Grèce* (VI, 2) : « Il fit la conquête du « pays, dévasta les terres, qui étaient magnifique- « ment cultivées, et ravagea les splendides maisons « et les vignes dans les champs, de sorte que les sol- « dats devinrent si voluptueux qu'ils ne voulaient « plus boire que des boissons aromatisées. »

Selon Strabon (VI, 2), Archias, le fondateur de Syracuse, toucha à Corfou, et y laissa Chersicratès, un des Héraclides, qui expulsa les Liburniens, par qui l'île était alors habitée, et qui bâtit la ville de Corcyra, qu'il peupla de Corinthiens. Ce fut probablement en 734 av. J.-C., date de la fondation de Syracuse.

La colonie fut dès le commencement en désaccord avec la mère patrie; et, selon Thucydide (I, 13), le premier combat naval connu eut lieu entre les Corinthiens et les Corcyréens, deux cent soixante ans avant l'année où il écrivait : si nous supposons qu'il ait écrit en 405 av. J.-C., après la fin de la guerre du Péloponnèse, ledit combat aura eu lieu en 665 av. J.-C.

Par son commerce et par son industrie, la colonie devint si puissante qu'elle fonda, en 617 av. J.-C., la ville d'Épidamne sur la côte de l'Illyrie.

Corcyre fut la cause de la guerre du Péloponnèse, à laquelle elle prit une part très-active; mais sa puissance s'affaiblit rapidement dans les guerres désastreuses qui suivirent la mort d'Alexandre le Grand, et l'île était heureuse de pouvoir se mettre, en 220 av. J.-C., sous la protection de Rome.

Il y a deux îlots, l'un dans le port actuel, et l'autre dans le petit golfe, sur la côte nord de l'île, lesquels, vus de loin, ressemblent beaucoup à des goëlettes, les voiles déployées. Un de ces îlots a sans doute inspiré à Homère l'idée que le navire phéacien qui avait porté Ulysse à Ithaque fut changé en rocher, à son retour, par la colère de Neptune (*Odyssée*, XIII, 159-164).

Αὐτὰρ ἐπεὶ τόγ' ἄκουσε Ποσειδάων ἐνοσίχθων,
Βῆ ῥ' ἴμεν ἐς Σχερίην, ὅθι Φαίηκες γεγάασιν.
Ἔνθ' ἔμεν' · ἡ δὲ μάλα σχεδὸν ἤλυθε ποντοπόρος νηῦς,
Ῥίμφα διωκομένη · τῆς δὲ σχεδὸν ἦλθ' Ἐνοσίχθων,
Ὅς μιν λᾶαν ἔθηκε, καὶ ἐῤῥίζωσεν ἔνερθεν,
Χειρὶ καταπρηνεῖ ἐλάσας · ὁ δὲ νόσφι βεβήκει.

« Et lorsque Poseidôn, le dieu qui ébranle la terre, « eut entendu cela, il alla vite à Schérie, où sont les « Phéaciens. Là il s'arrêta ; et bientôt approcha le « navire rapidement poussé : le dieu qui ébranle la « terre s'approcha du vaisseau et le changea en pierre, « et, le frappant du plat de la main, il l'enracina au « fond de la mer ; puis il s'en alla. »

D'après les indications que nous donne Homère, dans les vers suivants de l'*Odyssée* (VI, 262-264) :

Αὐτὰρ ἐπὴν πόλιος ἐπιβείομεν, ἣν πέρι πύργος
Ὑψηλός, καλὸς δὲ λιμὴν ἑκάτερθε πόληος,
Λεπτὴ δ' εἰσίθμη · νῆες δ' ὁδὸν ἀμφιέλισσαι
Εἰρύαται.

« Mais lorsque nous entrerons dans la ville, elle « est entourée d'une haute muraille, et de chaque « côté se trouve un beau port avec une entrée étroite, « et les vaisseaux bien garnis de rames sont tirés sur « le rivage des deux côtés du chemin. »

D'après ces indications, dis-je, on trouve facilement l'ancienne ville des Phéaciens, sur la côte est, dans une péninsule, appelée *Palæopolis,* au sud de la ville moderne de Corfou.

Des deux ports mentionnés par Homère, l'un, appelé à présent golfe de Castrades, sépare la péninsule du promontoire occupé par la citadelle moderne ; l'autre, appelé Peschiera, ou lac de Calichiopoulos, est un petit golfe, qui sépare la péninsule de la côte par un canal étroit, qu'Homère décrit parfaitement par ces mots : « λεπτὴ εἰσίθμη » (*entrée étroite*). Ce dernier port est sans aucun doute le : « Ὑλλαϊκὸς λιμήν » (*port Hyllaïque*) dont Thucydide fait mention ; et le golfe de Castrades, le « λιμὴν πρὸς τῇ ἀγορᾷ » (*port sur la place publique*) (*Thucydide*, III, 72).

Comme, selon le même auteur, l'ancienne acropole était près du port Hyllaïque, elle devait être à l'extrémité de la péninsule, au sud de l'ancienne ville. On y voit quelques ruines de vieux murs d'une grande épaisseur, qui peuvent bien avoir appartenu à l'ancienne citadelle ; puis les restes d'un petit temple dorien.

On ne trouve plus aucun vestige du palais d'Alcinoüs ; mais je pense qu'il était situé sur un plateau élevé de la péninsule à l'extrémité sud de la ville antique, et dans l'endroit même où se trouve à présent le palais royal ; car Nausicaa dit à Ulysse, en parlant du palais du roi, son père : « Ῥεῖα δ' ἀρίγνωτ' ἐστί, καὶ ἂν παῖς ἡγήσαιτο νήπιος » (*Il est facile à reconnaître*, *et un jeune enfant te conduirait*) (*Od.*, VI, 300). La topographie ne paraît pas admettre que le palais royal ait été ailleurs.

Partout où on fouille le sol sur l'emplacement de l'ancienne ville, on trouve des marbres sculptés, et çà et là des tombeaux, avec des vases funéraires mais les excavations ont été entreprises jusqu'à présent avec de si faibles moyens et si peu d'énergie, qu'elles n'ont pu produire de résultats importants. Dernièrement on y a trouvé une base de colonne avec l'inscription suivante :

ΥΤϟΠΤƎΜϟƎΜΟϟΞƎΡΜΥΟΤΜΟƎꟼΑΜƎΞΑꟼΑΤΜ
Σ
Ο
Μ

Le démarque me dit qu'on la transcrit à Corfou comme il suit : Στάλα Ξενάρεος τοῦ Μείξιος εἰμ' ἐπὶ τύμῳ.

M. Egger, membre de l'Institut de France, donne, dans le Compte rendu des séances de l'Académie des inscriptions, décembre 1866 (p. 393), la traduction suivante de cette inscription : « Je suis la stèle (placée) sur le tombeau de Xénarès (fils ?) de Mexis. »

Comparez le Compte rendu des séances de juillet 1867, page 158.

Thucydide (III, 70, 75, 81) cite parmi les édifices publics de la ville les temples d'Alcinoüs, des Dioscures, de Bacchus, de Junon et de Jupiter : la ville doit donc avoir été magnifique, et je crois que des fouilles bien dirigées seraient amplement rémunérées.

La tradition indique un grand ruisseau appelé *Fontaine de Cressida*, « Κρεσσίδα Βρύσις », qui se jette du côté ouest dans le lac Calichiopoulos, comme le fleuve au bord duquel Nausicaa lavait le linge avec ses servantes, et où elle accueillit Ulysse.

La fille du roi Alcinoüs est un des plus nobles caractères que nous ait peints Homère. La simplicité de ses mœurs a toujours eu un charme extrême pour moi; et, à peine débarqué à Corfou, j'accourus à la Κρεσσίδα Βρύσις, pour visiter la place qui a été le théâtre d'une des plus touchantes scènes de l'Odyssée.

Mon guide me conduit à un moulin construit sur le petit fleuve, à un kilomètre de son embouchure; de là, je suis obligé de marcher à pied. Mais à peine ai-je fait cent pas que je rencontre des obstacles. A droite et à gauche de la rivière, on a creusé, pour les besoins de l'irrigation, des canaux, qui sont trop larges pour être franchis en sautant. En outre, on a çà et là inondé les champs. Mais ces difficultés ne font qu'augmenter mon désir d'aller en avant. Je me déshabille, ne gardant que ma chemise, et je laisse mes vêtements sous la garde de mon guide. Je marche toujours le long du petit fleuve, souvent jusqu'à la poitrine dans l'eau et dans la boue des canaux et des champs inondés. Enfin, après une demi-heure de marche pénible, à environ cinquante mètres de l'embouchure, je vois deux grandes pierres grossièrement taillées, que la tradition désigne comme le lavoir des habitants de l'ancienne ville de Corcyre, et comme l'endroit où Nausicaa a lavé le linge avec ses domestiques, et où elle a accueilli Ulysse.

La situation répond parfaitement à la description d'Homère, car Ulysse arrive à terre dans l'embouchure du fleuve (*Od.*, V, 460-464). Nausicaa vient avec ses servantes aux lavoirs, dans le fleuve (*Od.*, VI, 85-87).

Αἱ δ' ὅτε δὴ ποταμοῖο ῥόον περικαλλέ' ἵκοντο,
Ἔνθ' ἤτοι πλυνοὶ ἦσαν ἐπηετανοί, πολὺ δ' ὕδωρ
Καλὸν ὑπεκπροφέει, μάλα περ ῥυπόωντα καθῆραι.

« Quand elles arrivèrent au charmant fleuve, où « étaient des lavoirs toujours pleins d'une eau lim- « pide et abondante, qui nettoie toutes les souil- « lures.... »

Ces lavoirs devaient nécessairement se trouver presque à côté de la mer, car, après avoir lavé le linge, Nausicaa et ses domestiques l'étendent sur les cailloux, le long du rivage de la mer, pour le sécher (*Od.*, VI, 93-95).

Αὐτὰρ ἐπεὶ πλῦνάν τε κάθηράν τε ῥύπα πάντα,
Ἑξείης πέτασαν παρὰ θῖν' ἁλός, ἧχι μάλιστα
Λάϊγγας ποτὶ χέρσον ἀποπλύνεσκε θάλασσα.

« Mais, lorsqu'elles ont lavé et nettoyé toutes les « souillures, elles étendent les vêtements le long de « la plage, où la mer a rejeté le plus de cailloux. »

Elles prennent ensuite le bain, elles se parfument, elles dînent et puis elles jouent à la balle. « En lan- « çant la balle à une des servantes, la princesse man- « que le but; la balle tombe dans le courant du « fleuve; les jeunes femmes jettent un grand cri qui « réveille Ulysse (*Od.*, VI, 115-117). »

Σφαῖραν ἔπειτ' ἔρριψε μετ' ἀμφίπολον βασίλεια·
Ἀμφιπόλου μὲν ἄμαρτε, βαθείῃ δ' ἔμβαλε δίνῃ·
Αἱ δ' ἐπὶ μακρὸν ἄϋσαν· ὁ δ' ἔγρετο δῖος Ὀδυσσεύς.

Il est donc évident que la place où Ulysse était couché parmi les arbustes, à côté de l'embouchure du fleuve, était tout près des lavoirs et de la plage où les femmes jouaient à la balle.

Sur l'identité de ce fleuve avec le fleuve homérique, il ne peut y avoir aucun doute, car c'est le seul fleuve dans les environs de l'ancienne ville. En effet, il n'y a dans toute l'île qu'une seule autre rivière; mais elle se trouve à environ douze kilomètres de l'ancienne Corcyre, tandis que la Κρεσσίδα Βρύσις n'en est éloignée que de trois kilomètres.

Sans doute un chemin carrossable conduisait dans l'antiquité de l'ancienne ville aux lavoirs; mais à présent les champs sont cultivés, et il ne reste aucune trace de ce chemin.

Je parcourus Corfou dans toutes les directions, et je fus très-étonné de voir qu'il n'y a nulle part de clôture ni autre signe de démarcation entre les propriétés. Le tout présente un seul vaste jardin d'oliviers, de cyprès et de vignes, et les accidents de terrain sont si brusques et si multipliés qu'ils donnent partout au paysage un charme inexprimable.

Mais la culture des lettres y est loin d'être au niveau de la culture du sol, et j'ose dire qu'à peine un homme sur cinquante y sait lire et écrire. L'ignorance du peuple est la cause de la corruption de leur langue, fortement mêlée de mots italiens, espagnols et turcs.

CHAPITRE II.

CÉPHALONIE.

Arrivée à Argostoli, capitale de Céphalonie. — Phénomène très-curieux de deux courants de la mer, qui se perdent dans le rivage par des passages souterrains, en faisant tourner deux moulins. — Histoire de Céphalonie. — Ses productions. — Misérable village de Samos construit sur les ruines de l'ancienne capitale. — L'acropole.

Le 7 juillet, au soir, je partis par le bateau à vapeur de la compagnie Hellénique, pour Argostoli, dans l'île de Céphalonie, où j'arrivai le lendemain à cinq heures et demie du matin.

A l'entrée de ce port, on voit un phénomène très-curieux, et qui semble tout à fait contraire à l'ordre de la nature : car, tandis que les fleuves se jettent de la terre dans la mer, ici, en deux endroits, la mer se jette dans le rivage bas et caverneux, en forts courants, qui se perdent par des passages souterrains. L'écoulement est constant, et se fait avec une telle régularité et une telle violence qu'on a construit au-dessus des courants deux grands moulins à grain, qui travaillent jour et nuit, et dont la production est considérable.

Céphalonie, la plus grande des îles Ioniennes, est située à l'entrée du golfe de Corinthe, et en face de la côte de l'Acarnanie; la moitié septentrionale de sa côte est est séparée de l'île d'Ithaque par un canal d'une largeur moyenne de huit kilomètres et demi.

Selon Strabon (X, 2), elle a trois cents stades de circonférence, tandis qu'elle a en réalité deux cent six kilomètres; sa plus grande longueur est de cinquante-trois kilomètres.

Elle est appelée Samé et Samos par Homère (*Od.*, IV, 671), qui emploie probablement le nom de la capitale pour toute l'île, car il appelle les habitants Κεφαλλῆνες *et sujets d'Ulysse* (*Il.*, II, 631).

L'île est appelée pour la première fois Κεφαλληνία par Hérodote (IX, 28), qui dit que deux cents des-habitants de Pale, ville de Céphalonie, ont combattu avec les autres Grecs à la bataille de Platée. Nous trouvons ensuite les Céphaloniens alliés avec Athènes, dans la guerre du Péloponnèse (*Thucydide*, II, 30). Ils furent subjugués par les Romains en 189 avant Jésus-Christ. Selon Strabon (X, 2), Caius Antonius, oncle de Marc-Antoine, possédait toute l'île comme sa propriété privée.

L'île est très-rocheuse, avec très-peu de sources, et il n'y a que peu de terrain susceptible de culture; on y plante surtout l'olivier et la vigne, qui produit de tout petits raisins, appelés raisins de Corinthe. Le produit de la récolte de blé ne suffit qu'à un quart de la consommation. Il y a à Céphalonie vingt-trois couvents, qui possèdent environ un sixième de toutes les terres cultivées.

Je traversai l'île dans une voiture de louage, et j'arrivai à midi à Samos, sale et misérable village, construit sur le rivage, sur l'emplacement de l'ancienne et célèbre ville du même nom, dont les nombreuses ruines attestent à la fois la grandeur et la magnificence. Vingt-quatre des prétendants de Pénélope vinrent de cette ville (*Od.*, XVI, 249).

Monté sur un âne, je visitai l'acropole, qui est située sur un rocher de cent mètres de haut. Quatre immenses murs de pierres grossièrement taillées, de 1m30 à 2m30 de long, sur 1 mètre à 1m30 de large, descendent, à des intervalles égaux, du haut en bas. Le plateau supérieur est entouré par deux murailles de construction semblable; l'espace entre ces deux murs est occupé par les ruines de nombreuses boutiques et magasins, dans plusieurs desquels on voit encore la table en pierre qui servait de bureau. Un silence de mort règne à présent parmi ces ruines, qui fourmillent de vipères.

Cette ville, qui a soutenu en 189 avant Jésus-Christ un siége de quatre mois contre l'armée romaine (Tite-Live, XXXVIII, 28), était déjà entièrement en ruines du temps de Strabon (X, 2). Pourtant quelques vestiges de maçonnerie romaine, que je vis çà et là dans la mer, à quelques mètres du rivage, me portent à croire qu'elle a été en partie reconstruite sous Auguste ou Hadrien.

CHAPITRE III.

ITHAQUE.

Arrivée dans le port de Saint-Spiridon. — Le savant meunier Panagis Asproiéraca. — Tradition d'Ulysse. — Vathy, capitale d'Ithaque. — Citation des principaux ouvrages sur Ithaque. — Le port de Reithron. — Topographie et productions d'Ithaque. — Port de Phorcys. — Mont Néïon. — Grotte des Nymphes. — Mont Aétos. — Palais d'Ulysse. — Murs cyclopéens.

Je louai, moyennant onze francs, une barque pour me faire conduire à Ithaque; mais malheureusement le vent était contraire, de sorte que nous fûmes continuellement forcés de louvoyer, et ainsi il nous fallut six heures pour faire une traversée, qu'on fait facilement en une heure avec un vent favorable.

Enfin, à onze heures du soir, nous débarquâmes dans le petit port de Saint-Spiridon, au sud du mont Aétos, et nous mîmes pied à terre dans l'ancien royaume d'Ulysse. Je confesse que, malgré ma fatigue et ma faim, je ressentis une joie immense en me trouvant dans la patrie du héros dont j'ai cent fois lu et relu les aventures avec le plus vif enthousiasme.

Je fus assez heureux de trouver, en débarquant, le fameux meunier *Panagis Asproiéraca*, qui, moyennant quatre francs, me loua son âne pour porter mes effets, tandis que lui-même il me servait de guide et de cicerone jusqu'à la capitale, Vathy (Βαθύ). Ayant appris que j'étais venu à Ithaque pour faire des recherches archéologiques, il applaudit vivement à mon projet, et, chemin faisant, il me raconta toutes les aventures d'Ulysse d'un bout à l'autre. La volubilité avec laquelle il les récita me prouva jusqu'à l'évidence qu'il avait déjà raconté la même chose mille fois. Son ardeur à m'instruire sur les gloires du roi d'Ithaque était telle qu'il ne souffrit aucune interruption. En vain je lui demandai : « Est-ce le mont Aétos? est-ce le port de Phorcys? de quel côté se trouve la Grotte des Nymphes? où est le champ de Laërte?... » toutes mes questions restèrent sans réponse. Le chemin était long, mais l'histoire du meunier était longue aussi, et lorsque enfin, à minuit et demi, nous franchîmes le seuil de sa porte à Vathy, il entrait aux enfers avec les âmes des prétendants, sous la conduite de Mercure.

Je le félicitai vivement d'avoir lu les poëmes d'Homère, et de les avoir assez bien retenus pour raconter avec tant de facilité, en grec moderne, les principaux événements des vingt-quatre chants de l'Odyssée. A mon grand étonnement, il me répondit que non-seulement il ne connaissait pas l'ancienne langue, mais que même il ne savait ni lire ni écrire le grec moderne : il ajouta qu'il connaissait les aventures d'Ulysse par tradition. Je lui demandai ensuite si cette tradition était générale parmi le peuple d'Ithaque, ou si elle était particulière à sa famille. Il répliqua qu'en effet sa famille en était dépositaire, et que personne dans l'île ne connaissait l'histoire du grand roi aussi bien que lui, mais que tout le monde en avait une idée confuse.

La faim qui me pressait m'empêcha de lui faire plus de questions ; je n'avais rien mangé depuis six heures du matin, l'indescriptible saleté de l'auberge à Samos ne m'ayant pas permis d'y faire un repas. Mon hôte n'avait rien à me présenter que du pain d'orge et de l'eau de pluie, dont la température n'était pas de moins de trente degrés centigrades ; mais, assaisonné par la faim, ce repas me parut délicieux.

Le brave meunier n'avait que son lit conjugal ; et, avec cette généreuse hospitalité qui est particulière aux descendants des sujets d'Ulysse, il s'empressa de le mettre à ma disposition et insista pour que je l'acceptasse; j'eus même beaucoup de peine à résister à ses offres obligeantes, et je n'y réussis qu'en me couchant vaillamment sur une grande caisse garnie de bandes de fer, qui se trouvait dans la chambre. Habitué aux fatigues des voyages, je dormis sur la caisse aussi bien que dans le meilleur des lits, et je ne me réveillai que le matin.

Il n'y a pas d'hôtel dans la capitale d'Ithaque; mais je trouvai sans peine une bonne chambre dans la maison des jeunes et aimables demoiselles Hélène et

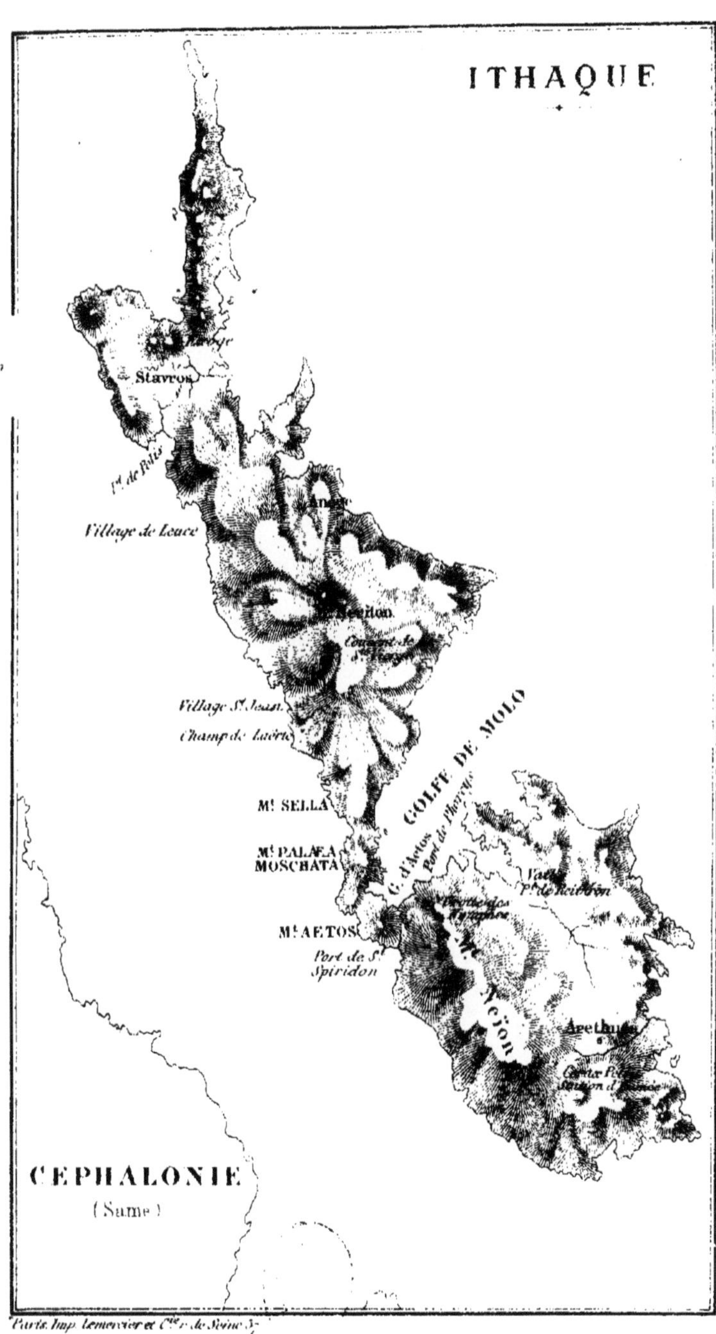

Paris. Imp. Lemercier et Cie. r. de Seine 57

Aspasie Triantafyllidès, dont le père, homme de lettres distingué, est mort il y a quelques années.

La ville, qui compte environ 2,500 habitants, entoure d'une ligne de maisons blanches l'extrémité sud du port long et étroit, appelé Vathy (Βαθύ, *profond*), dont elle porte le nom, et qui n'est lui-même qu'une entrée du golfe de Molo. C'est un des meilleurs ports du monde ; car il est bordé par des montagnes, et l'eau est si profonde, même à un mètre du rivage, que les navires peuvent y jeter l'ancre devant les maisons de leurs armateurs.

Presque tous les voyageurs archéologues reconnaissent l'identité de cette île avec l'Ithaque d'Homère, comme E. Gandar, *de Ulyssis Ithaca*, Paris, 1854 ; Dr Wordsworth, *Greece*, 1853 ; Rühle von Lilienstern, *über das homerische Ithaca ;* G.-F. Bowen, *Ithaca in* 1850, London, 1851 ; Leake, *Travels in Northern Greece*, 1835 ; Schreiber, *Ithaca*, 1829 ; Constantin Koliades, *Ulysse-Homère ;* sir W. Gell, *Ithaca, Argolis and Itineraries*, 1813-1819 ; Strabon, VIII, X ; Ptolémée, III. Par contre Spohn déclare qu'Ithaque n'était qu'une fiction du poëte. Völker tâche de prouver, par des documents ingénieux, que la topographie d'Ithaque est en désaccord avec les indications d'Homère et que la patrie d'Ulysse doit être située à l'ouest de Céphalonie.

Comme le port de Vathy se trouve dans la partie sud de l'île, et au pied du mont Ἅγιος Στέφανος (*Saint-Étienne*), dans lequel on reconnaît le Νήϊον ὑλῆεν (*le Néion couvert de forêts*) (*Od.*, I, 186), il n'y a pas de doute que ce ne soit le Λιμὴν Ῥεῖθρον (*le port de Reithron*) mentionné dans le même vers.

Ithaque, vulgairement appelée Θεάκη (*Theaké*), tire son nom sans doute du héros Ithacus, dont Homère fait mention (*Od.*, XVII, 207).

La plus grande longueur de l'île est de vingt-neuf kilomètres, du nord au sud; la plus grande largeur est de sept kilomètres de l'est à l'ouest. La population totale est de 13,000 habitants.

Elle consiste en une chaîne de rochers de pierre calcaire. Le golfe de Molo la divise en deux parties presque égales, reliées par un isthme étroit de huit cents mètres de large, sur lequel s'élève le mont Aétos, couronné par de vastes ruines, appelées Παλαιόκαστρον (*Vieux château*), que la tradition désigne comme les restes du palais d'Ulysse.

On voit partout des rochers escarpés, parmi lesquels le plus élevé est le mont Anoge dans la moitié nord : c'est le *Nériton*, qu'Homère décrit comme *couvert de forêts* (*Od.*, XIII, 351 ; IX, 21) ; mais les arbres ont disparu de cette montagne, comme du mont Néion, et du reste de l'île, ce qui est sans doute la cause que les pluies et les rosées, jadis si abondantes à Ithaque (*Od.*, XIII, 245), y sont à présent beaucoup moins fréquentes ; que l'*immense* (ἀθέσφατος) récolte de blé (*Od.*, XIII, 244) s'y réduit maintenant à un quart de ce qui est nécessaire à la consommation des habitants, et que les troupeaux de porcs (*Od.*, XIII, 404-410), de bœufs (*Od.*, XIII, 246), de chèvres (*Od.*, IV, 606, XIII, 246), de brebis (*Od.*, XIII, 222) y manquent si complétement qu'on doit en importer pour les besoins de la boucherie.

Les principaux produits d'Ithaque sont à présent les petits raisins, dits de Corinthe, dont on exporte environ 150,000 kilos, et l'huile d'olive, dont on exporte environ 2,300 barriques par an. Le vin est excellent, mais trois fois plus fort que le vin de Bordeaux, et on n'en exporte pas.

Malgré les fortes chaleurs de l'été, le climat de l'île est très-sain, et mérite les éloges d'Homère (*Od.*, IX, 27), « ἀγαθὴ κουροτρόφος » (*excellent pour élever les jeunes hommes*).

M. Bowen dit avec raison d'Ithaque qu'il n'y a peut-être pas un endroit dans le monde où les souvenirs classiques soient aussi vifs et aussi purs. Le petit rocher s'est retiré dans l'obscurité immédiatement après l'âge de son grand héros mythologique et de son poëte, et il est resté ainsi pendant presque trois mille ans. Contrairement à beaucoup d'autres pays, jadis glorieux, il n'est redevable d'aucune partie de son intérêt à une illustration plus récente. En effet le nom d'Ithaque ne se trouve guère sous la plume d'un écrivain posthomérique, si ce n'est pour faire allusion à sa célébrité poétique. En 1504 apr. J.-C., Ithaque était presque dépeuplée par les incursions des corsaires, et par la fureur des guerres entre les Turcs et les chrétiens; on conserve encore l'acte des priviléges que le gouvernement vénitien a accordés aux colons des îles voisines et du continent de Grèce qui l'ont repeuplée. Ici, tous nos souvenirs sont donc concentrés autour de l'âge héroïque : chaque colline et chaque rocher, chaque fontaine et chaque bocage d'oliviers, respire Homère et l'Odyssée ; et nous sommes transportés d'un seul bond par-dessus cent générations dans l'époque la plus brillante de la chevalerie et du poëme grecs.

Aussitôt que je fus installé dans mon nouveau logement, j'engageai un guide et un cheval, et je me fis conduire au petit golfe, appelé *Dexia*, qui se trouve aussi au pied du mont Néion, et fait également partie du grand golfe de Molo. C'est le « Φόρκυνος λιμήν » (*port de Phorcys*), dans lequel les marins phéaciens débarquèrent Ulysse profondément endormi, et le déposèrent avec ses trésors, d'abord sur le rivage, et ensuite sous un olivier hors du chemin (*Od.*, XIII, 96-124) : « Dans un « endroit d'Ithaque est le port de Phorcys, vieillard « de la mer, dans lequel font saillie deux rochers es- « carpés, inclinés vers l'entrée du golfe, qui le défen- « dent au dehors contre la grande vague et les vents « rugissants : au dedans les vaisseaux bien garnis de « rames stationnent sans amarres, lorsqu'ils sont entrés « dans le port. Mais à l'extrémité du port s'élève un « olivier touffu, et tout auprès se trouve une grotte dé- « licieuse et sombre, consacrée aux nymphes appelées « Naïades. On y voit des urnes et des amphores de « pierre : les abeilles y déposent leur miel. On y voit « aussi des métiers de tisserand en pierre ; là, les « nymphes tissent des draperies de pourpre de mer « d'un aspect admirable : on y trouve encore une « fontaine intarissable. Elle a deux portes : l'une, au

« nord, est à l'usage des hommes; l'autre, au sud, est « plus divine; jamais les hommes ne la franchissent, « car c'est le chemin des immortels.

« Par là ils se dirigèrent connaissant les lieux; le « vaisseau s'élance à demi sur la grève, tant était forte « l'impulsion donnée par les mains des rameurs. Ceux-« ci descendirent du navire bien garni de rames à « terre : ils enlevèrent d'abord Ulysse avec la toile et « la brillante couverture du pont voûté, et le déposè-« rent profondément endormi sur le sable ; ils débar-« quèrent ensuite les trésors que les illustres Phéaciens, « inspirés par la magnanime Minerve, lui avaient don-« nés, lorsqu'il retourna dans sa patrie; et ils les « entassèrent au pied de l'olivier, hors du chemin, de « peur qu'un passant, avant le réveil d'Ulysse, n'y « portât les mains. »

La localité est décrite dans ce passage avec une telle précision qu'il n'y a pas moyen de se tromper; car on voit devant le petit golfe deux petites roches escarpées, inclinées vers l'entrée, et, tout près, sur la pente du mont Néion, à cinquante mètres au-dessus du niveau de la mer, la grotte des Nymphes. Il y a effectivement dans celle-ci, du côté nord-ouest, une espèce de porte naturelle de 2 mètres de haut et de 40 centimètres de large, par laquelle on peut entrer dans la grotte, et du côté sud un trou rond de 82 centimètres de diamètre, qui forme la porte des dieux; car la caverne a dans cet endroit une profondeur de 17 mètres, et ainsi l'homme ne peut pas entrer par cette voie.

L'intérieur est complétement obscur ; mais mon guide y alluma un grand feu de broussailles, de sorte que je pus examiner la grotte dans tous ses détails. Elle est presque ronde, et a 17 mètres de diamètre. De l'entrée jusqu'au fond, il y a une descente de 3m 30, et on y découvre des débris de gradins taillés dans le rocher; du côté opposé on voit un autel fort mutilé. Du plafond pendent des masses de stalactites de formes bizarres, et avec un peu d'imagination on y reconnaît des urnes, des amphores, et les métiers de tisserand, sur lesquels les nymphes tissaient des draperies couleur de pourpre. C'est dans cette grotte qu'Ulysse, par le conseil de Minerve et avec son assistance, cacha les trésors qu'il avait reçus des Phéaciens (*Od.*, XIII, 361-371).

Nous redescendîmes au golfe ou port de Phorcys, et nous continuâmes notre chemin jusqu'au pied du mont Aétos, qui a cent cinquante mètres de haut, et qui, au sud, est séparé du mont Néion par une vallée très-fertile, d'une centaine de mètres de large, qui traverse le petit isthme. A l'est, la montagne forme, sur les cinquante premiers mètres de sa hauteur, une pente très-douce, qui abonde en sources de bonne eau, et qui est dans un état florissant de culture. Elle est bordée par le golfe Aétos ; je tâcherai plus tard de prouver que c'est le port de l'ancienne capitale d'Ithaque.

Du côté nord, le mont Aétos se continue par une chaîne de rochers, d'environ cinquante mètres moins élevés, qui portent les noms de Palæa-Moschata, de Chordakia et de Sella. Du côté ouest, il descend brusquemeut dans la mer, dont la couleur bleu foncé indique déjà à un mètre du rocher une énorme profondeur.

L'ascension de l'Aétos est très-difficile et très-pénible pour un étranger, surtout pendant les grandes chaleurs de l'été, car ses flancs, qui s'élèvent sous des angles de quarante-cinq à cinquante degrés, sont jonchés de pierres, et à défaut de chemin il faut presque continuellement grimper à quatre pattes.

Mais les indigènes, habitués à escalader les rochers, montent sans la moindre fatigue sur l'Aétos; et ils cultivent même toute la montagne jusqu'en haut, partout où ils découvrent un peu de terre parmi les pierres. L'unique instrument dont ils se servent pour la culture des montagnes est une houe pointue (δίκελλα), avec laquelle ils remuent un peu la terre pour y déposer quelques graines de lin ou de froment.

Je fus très-étonné de voir qu'il n'y a que très-peu d'oliviers sur les pentes de la montagne, car cet arbre est très-productif dans les îles Ioniennes, dont il paraît être originaire, et il y acquiert des proportions telles qu'il ne ressemble en rien aux arbres fruitiers de France, mais aux arbres massifs et pittoresques des forêts.

Nous montâmes sur l'Aétos du côté ouest, la pente y étant un peu plus douce que des autres côtés : on y voit de nombreux vestiges d'un ancien chemin, qui apparemment menait du palais d'Ulysse au petit port appelé aujourd'hui *Port de Saint-Spiridon*, lequel se trouve aussi à l'ouest de l'île, entre l'Aétos et le Néion.

Il me fallut une demi-heure pour parvenir au sommet du côté sud, sur lequel se trouvent les ruines d'une tour de pierres grossièrement taillées, de 1 mètre à 1^{m}66 de long, sur 1 mètre à 1^{m}35 de large, posées les unes sur les autres sans ciment. Cette tour a 6^{m}66 de long et de large, et évidemment au milieu se trouve un souterrain, peut-être une citerne, car toutes les pierres de l'édifice penchent vers le centre et y forment une espèce de voûte.

A dix mètres plus bas se trouve un gros mur de circonvallation, de construction semblable, tandis que deux autres murs cyclopéens, munis de tours de défense, descendent vers le sud-ouest et le sud-est, et leurs formidables ruines s'étendent sur la pente de la montagne jusqu'à une distance de 60 mètres du sommet.

A partir de la susdite grande tour, la cime de l'Aétos, d'une largeur qui varie de 8 à 10 mètres, s'étend sur une longueur de 74 mètres, en s'élevant graduellement de 13 mètres. Tout cet espace est couvert d'immenses pierres, qui évidemment n'ont jamais été touchées par la main de l'homme, et qui repoussent la supposition qu'il s'y soit jamais trouvé un édifice.

Après ces pierres suivent les ruines d'une autre tour de construction cyclopéenne, de 8 mètres de long sur autant de large. Puis vient une citerne ronde, taillée dans le rocher, de 5 mètres de profondeur; le diamètre est en haut de 4 mètres et de 6 mètres au fond. Ensuite le sommet s'élargit, devient parfaitement uni, et s'étend sur une largeur de 27 mètres et sur une longueur de 37 mètres, jusqu'à l'extrémité nord.

C'est sur cet espace que se trouvait le palais d'Ulysse; mais on n'y voit malheureusement que les ruines de deux murs parallèles d'enclos; puis une petite citerne domestique, ronde, taillée dans le rocher, de 1m34 de profondeur; le diamètre est en haut de 1m33, en bas de 1m67.

A l'extrémité nord, on voit les ruines de deux grands murs, dont l'un descend vers le nord-est, l'autre vers le nord-ouest. A seize mètres du sommet, du côté est, on trouve une très-grande citerne ronde, taillée dans le rocher, de 10 mètres de profondeur; en haut le diamètre est de 8 mètres, en bas de 12 mètres.

Le palais royal était grand, à plusieurs étages, et avait une cour, car Ulysse dit à Eumée (*Od.*, XVII, 264-268):

Εὔμαι', ἦ μάλα δὴ τάδε δώματα κάλ' Ὀδυσῆος,
Ῥεῖα δ' ἀρίγνωτ' ἐστὶ καὶ ἐν πολλοῖσιν ἰδέσθαι.
Ἐξ ἑτέρων ἕτερ' ἐστίν · ἐπήσκηται δέ οἱ αὐλὴ
Τοίχῳ καὶ θριγκοῖσι, θύραι δ' εὐερκέες εἰσὶν
Δικλίδες · οὐκ ἄν τίς μιν ἀνὴρ ὑπεροπλίσσαιτο.

« Eumée, sans doute voici la superbe maison d'U-
« lysse; elle est facile à reconnaître au milieu d'une
« multitude d'édifices; elle a plus d'un étage; la cour
« est munie d'un mur à mantelets; les portes sont
« solides et à deux battants; nul homme ne pourrait
« la prendre d'assaut. »

Le palais était orné de hautes colonnes (*Od.*, XIX, 38); autour de la table, dans la grande salle, étaient assis les cent huit prétendants; il y avait en outre dans la salle huit domestiques, un héraut et un chantre (*Od.*, XVI, 247-253); le palais était ὑψηλός, « haut » (I, 126); il avait de hautes voûtes, ὑψερεφής (IV, 757); il était ὑψόροφος, « grandiose » (X, 474).

Nous voyons aussi que Pénélope monta le haut escalier dans le palais, prit la clef et se rendit avec les servantes dans un appartement éloigné (*Od.*, XXI, 5-9). Il n'y a donc pas de doute que le palais n'ait occupé tout le plateau uni du sommet, et que la cour n'ait été entre les murs parallèles de circonvallation, qui sont à 30 mètres l'un de l'autre. Dans cette cour était l'autel de Jupiter (XXII, 334).

CHAPITRE IV.

Sommet du mont Aétos. — Magnifique panorama. — Le cap Ducato avec le Saut de Sappho. — Ancien chemin. — Ruines cyclopéennes. — Fouilles sur le mont Aétos. — Découverte d'une maisonnette et d'un petit cimetière domestique avec 20 vases, une idole, un couteau et une épée. — Jours de jeûne strictement observés à Ithaque. — Menu d'un dîner : pommes de terre en robe de chambre. — Anciens sépulcres. — Nouvelles fouilles.

Le sol de ce plateau consiste en grandes pierres nivelées; mais çà et là je vis quelques mètres de terrain couverts d'arbrisseaux et d'arbustes, qui m'indiquèrent qu'il y avait aussi de la terre, et je me résolus aussitôt à faire des fouilles partout où l'état du sol le permettrait. Mais, n'ayant pas d'instruments avec moi, je dus différer mes recherches jusqu'au lendemain.

La chaleur était excessive; mon thermomètre marquait cinquante-deux degrés; je n'avais avec moi ni eau ni vin, et la soif me dévorait. Mais l'enthousiasme que je ressentis en me trouvant au milieu des ruines du palais d'Ulysse était si grand que j'oubliai la chaleur et la soif : tantôt j'examinais les lieux; tantôt je lisais dans l'Odyssée la description des scènes touchantes dont cette place avait été le théâtre; tantôt j'admirais le magnifique panorama qui se déroulait de tous côtés devant mes yeux, et qui le cédait à peine à celui dont j'avais joui, huit jours auparavant, de la cime de l'Etna en Sicile.

Au nord, je vis l'île de Sainte-Maure, ou Leucade, avec le cap Ducato, si célèbre dans l'antiquité par le fameux rocher, appelé Saut de Sappho, d'où les amants infortunés se précipitaient dans la mer, persuadés que ce saut audacieux les guérirait de leur passion. Parmi les principales victimes de cette croyance, on cite la célèbre poétesse Sappho, le poëte Nicostrate, Deucalion, Artémise, reine de Carie, etc.

Selon Strabon (X, 2, *page* 332, *éd. Tauchnitz*), chaque année, à la fête d'Apollon, les Leucadiens avaient la coutume de jeter un criminel de ce rocher dans la mer, comme sacrifice d'expiation pour tous les crimes du peuple. On lui attachait une masse de plumes et des oiseaux vivants pour soulager sa chute, et en bas se tenaient, rangés en cercle, des barques de pêcheurs, pour le sauver, si c'était possible.

Du côté sud, je vis les magnifiques montagnes du Péloponnèse; à l'est, les pics grandioses de l'Acarnanie. A l'ouest, je vis à mes pieds le beau détroit, au-delà duquel les belles montagnes de Céphalonie s'élèvent brusquement et presque à pic au-desssus de la mer.

Enfin je descendis du côté est, et je vis, à environ trente-huit mètres du sommet, les traces d'un chemin, qui a évidemment conduit dans l'antiquité au palais d'Ulysse. Çà et là, sur la pente de la montagne, je trouvai aussi des ruines de maisonnettes, dont la construction cyclopéenne révèle une haute antiquité.

Arrivé au pied de la montagne, je fus accosté par un paysan, qui m'offrit de me vendre un vase en terre cuite et une belle monnaie d'argent de Corinthe, portant d'un côté une tête de Minerve et de l'autre un cheval. Il venait de découvrir ces objets dans un sépulcre grossièrement taillé dans le rocher et sans trace d'os humains. Je les lui achetai pour six francs.

De retour à Vathy, j'engageai pour le lendemain quatre ouvriers pour faire des fouilles sur l'Aétos, puis un jeune garçon et une jeune fille pour porter de l'eau et du vin sur la montagne, et enfin je louai un cheval pour moi et un âne pour porter les instruments.

Le 10 juillet, après avoir pris un bain de mer et bu une tasse de café noir, je partis, à cinq heures du matin, avec mes ouvriers, et nous arrivâmes à sept heures, baignés de sueur, sur le sommet de l'Aétos.

Je fis d'abord déraciner les arbustes par les quatre hommes, puis fouiller l'angle nord-est, où, selon mes conjectures, devait s'être trouvé le fameux olivier dont Ulysse fit son lit de noces et autour duquel il bâtit sa chambre à coucher (*Od.*, XXIII, 183-204). « Dans l'intérieur de la cour croissait un olivier touffu, « très-grand, florissant et gros comme une colonne : « tout autour de lui je bâtis la chambre nuptiale de « grandes pierres, jusqu'à ce que je l'eusse achevée ; je « la recouvris d'un toit, et je la fermai de portes épaisses « solidement adaptées ; ensuite je coupai les rameaux

« de l'olivier touffu; je taillai la surface du tronc à « partir de la racine; je le rabotai habilement avec « l'airain, au cordeau; j'en fis le pied du lit et je le « forai partout avec la tarière : sur ce pied je cons- « truisis entièrement le lit en l'incrustant d'or, d'ar- « gent et d'ivoire, et en y étendant des courroies de « cuir de bœuf teintes d'une pourpre éclatante. »

Mais nous ne trouvâmes rien que des débris de tuiles et de poterie, et à 66 centimètres de profondeur nous mîmes le rocher à nu. Dans ce rocher il y avait bien des crevasses dans lesquelles les racines de l'olivier auraient pu pénétrer; mais tout espoir de trouver là des objets archéologiques avait disparu pour moi.

Je fis ensuite fouiller le sol à côté, car j'y avais découvert deux pierres de taille, qui semblaient avoir fait partie d'un mur, et après trois heures de travail les ouvriers mirent à jour les deux couches inférieures d'un petit bâtiment de 3 mètres de large sur 4^{m}75 de long; l'ouverture de la porte avait 1 mètre de largeur. Les pierres étaient bien taillées et avaient 33 centimètres de long sur autant de large; elles étaient jointes par beaucoup de ciment blanc comme la neige, dont j'ai rapporté des morceaux. Il y avait une couche épaisse de ce ciment même au-dessous de la rangée inférieure de pierres. La présence de ce ciment ne me laisse pas de doute que ce bâtiment ne soit au moins de sept siècles postérieur à la guerre de Troie, car je n'ai encore jamais vu de ciment dans les constructions de l'âge héroïque. Nous trouvâmes encore dans cette excavation beaucoup de débris de tuiles peu cuites, courbées, et même une tuile entière de 66 centimètres de long sur autant de large; puis beaucoup d'autres tessons.

Pendant que mes ouvriers étaient occupés à cette fouille, j'examinai tout l'emplacement du palais d'Ulysse avec la plus rigoureuse attention ; et, ayant trouvé une grosse pierre, dont une extrémité semblait décrire une petite ligne courbe, — peut-être la centième partie d'un cercle, — je détachai avec mon couteau la terre de la pierre, et je vis que celle-ci formait un demi-cercle. En continuant à fouiller un peu avec le couteau, je m'aperçus sans peine qu'on avait complété le cercle de l'autre côté par de petites pierres mises les unes sur les autres, qui formaient comme une miniature de mur. Je voulus d'abord creuser ce cercle avec le couteau, mais il n'y avait pas moyen d'y parvenir; car la terre mêlée d'une substance blanche, que j'ai reconnue être de la cendre d'os calcinés, était presque aussi dure que la pierre. Je me mis donc à fouiller à coups de pioche ; mais à peine eus-je avancé de dix centimètres que je cassai un beau mais tout petit vase, rempli de cendre humaine. Je continuai alors à creuser avec la plus grande précaution, et je trouvai une vingtaine de vases, de forme bizarre et parfaitement différents les uns des autres : les uns étaient couchés, les autres debout; mais malheureusement, à cause de la dureté de la terre, et faute de bons instruments, j'en cassai la plupart en les extrayant, et je n'en pus emporter que cinq en bon état. Le plus grand d'entre eux n'a que 11 centimètres de haut; le diamètre de son ouverture est de 1 centimètre ; un autre a une ouverture de 6 millimètres seulement. Deux de ces vases avaient d'assez belles peintures d'hommes quand je les retirai de la terre. Ces peintures disparurent presque lorsque je les exposai au soleil, mais j'espère les faire revenir en les frottant avec de l'alcool et de l'eau.

Tous ces vases sont remplis de cendres de corps humains brûlés.

Je trouvai en outre dans ce petit cimetière domestique la lame d'un couteau de sacrifice, courbé, de 13 centimètres de long, très-couvert de rouille, mais d'ailleurs assez bien conservé ; une idole en terre cuite, représentant une déesse avec deux flûtes à la bouche; puis les débris d'une épée en fer, une dent de sanglier, plusieurs petits os d'animaux, et enfin une anse faite de fils de bronze tressés ensemble. J'aurais donné cinq ans de ma vie pour une inscription ; mais, hélas ! il n'y en avait pas.

Quoique l'âge de ces objets soit difficile à constater, il me semble pourtant certain que les vases sont bien plus anciens que les plus anciens vases de Cuma au musée de Naples ; et il est bien possible que je tienne dans mes cinq petites urnes les corps d'Ulysse et de Pénélope ou de leur progéniture.

Ayant creusé le trou circulaire jusqu'au fond, je le mesurai, et je constatai que sa profondeur était, du côté sud, de 76 centimètres, et, du côté nord, de 92 c. 1/2 ; et son diamètre de 1m25.

Rien n'excite plus la soif que le rude travail des fouilles, par une chaleur de cinquante-deux degrés au soleil. Nous avions apporté trois immenses cruches d'eau et une grande bouteille contenant quatre litres de vin. Le vin nous suffisait, parce que le produit des raisins d'Ithaque est, je le répète, trois plus fort que le vin de Bordeaux; mais notre provision d'eau fut bientôt épuisée, et deux fois nous fûmes obligés de la renouveler.

Mes quatre ouvriers eurent terminé la fouille de la maison posthomérique en même temps que je finissais de creuser le petit cimetière circulaire. J'avais eu plus de succès qu'eux ; mais je ne leur en voulais pas, car ils avaient bien travaillé, et plus de mille ans peuvent se passer avant que leur fouille soit recouverte par la poussière atmosphérique.

Il était midi, nous n'avions rien mangé depuis cinq heures du matin ; nous nous mîmes donc à déjeuner sous un olivier, entre les deux murs d'enclos, à une quinzaine de mètres au-dessous du sommet. Notre repas consistait en pain sec, en vin et en eau, dont la température n'était pas au-dessous de trente degrés. Mais c'étaient les produits de la terre d'Ithaque que je consommais, et je les consommais dans la cour du palais d'Ulysse, et peut-être à l'endroit même où ce roi pleura en revoyant son chien favori Argos, qui meurt de joie en reconnaissant son maître après vingt ans d'absence, et où le divin porcher prononça les célèbres vers (*Od.*, XVII, 322-323) :

Ἥμισυ γάρ τ' ἀρετῆς ἀποαίνυται εὐρύοπα Ζεὺς
Ἀνέρος, εὖτ' ἄν μιν κατὰ δούλιον ἦμαρ ἕλῃσιν.

« Car le puissant Jupiter enlève la moitié de la va-« leur à l'homme, lorsque le jour de l'esclavage l'a « saisi. »

Aussi je puis dire que jamais de ma vie, je n'ai mangé avec plus d'appétit qu'à ce repas frugal, au château d'Ulysse.

Après le déjeuner, mes ouvriers se reposèrent une heure et demie, tandis que moi, la pioche à la main, je sondais le terrain sur l'emplacement du palais et entre les murs d'enclos, pour voir s'il n'y aurait pas plus de découvertes à faire. Partout où la nature du terrain admettait la possibilité de trouver quelque chose, je fis des marques pour y opérer des fouilles avec les ouvriers. Ceux-ci se remirent au travail à deux heures, et nous travaillâmes jusqu'à cinq heures, mais désormais sans le moindre succès. Voulant cependant continuer les fouilles le lendemain matin, nous laissâmes les instruments en haut, et nous retournâmes à Vathy, où nous arrivâmes à sept heures du soir.

Les deux aimables demoiselles Triantafyllidès s'empressèrent de me préparer le dîner ; mais quelle ne fut pas ma stupéfaction lorsqu'elles m'apportèrent des pommes de terre en robe de chambre, du sel et du pain, et rien de plus ! Je leur demandai si elles voulaient se moquer de moi ; à quoi elles s'écrièrent avec surprise : « Comment donc ! vous êtes chrétien, et vous voulez faire gras le vendredi ? — Mais, par tous les dieux de l'ancienne Grèce ! » répliquai-je, « si vous craignez de perdre mon âme en me donnant de la viande, pourquoi ne me donnez-vous pas au moins du poisson ? — Mais a-t-on jamais vu un chrétien, » répondirent-elles, « manger du poisson les jours de jeûne ? Et quand même nous voudrions vous donner des mets gras, nous ne le pourrions pas ; car aucun pêcheur ne tend ses filets le vendredi ni le mercredi, vu que personne ne lui achèterait son poisson, et aucun boucher n'ouvre sa boutique ce jour-là, parce qu'on l'insulterait. »

L'air sérieux avec lequel elles me donnèrent ces explications me prouva jusqu'à l'évidence que c'était leur profonde conviction, et qu'elles regardaient comme un crime d'enfreindre les commandements de Dieu en faisant gras les jours de jeûne. Je ne répondis donc plus rien, et je sortis aussitôt à la recherche d'un peu de jambon ou de beurre ; mais j'appris dans plusieurs boutiques où j'allai qu'il n'y avait rien de tout cela dans l'île d'Ithaque. Ce fut même avec beaucoup de peine que je réussis à acheter un peu d'huile d'olive pour y tremper mes pommes de terre. Mais cette nourriture plus que modeste ne dérangea nullement mon estomac ; en effet, je ne me suis jamais mieux porté dans mes voyages que lorsque je n'avais rien à manger que du pain et rien à boire que de l'eau.

Le lendemain 11 juillet, je me levai à quatre heures du matin, et je partis de nouveau avec les quatre ouvriers pour le mont Aétos, sur la pente sud duquel, à environ vingt mètres au-dessus du niveau de la mer, on me montra un grand nombre d'anciens sépulcres taillés dans le rocher et fouillés en 1811 et 1814 par le capitaine Guitara, qui en a retiré une masse d'objets d'or, comme bracelets, bagues, boucles d'oreilles, etc.

Mais ces tombeaux ne peuvent pas être d'une très-haute antiquité, car nous voyons dans Homère qu'on brûlait les cadavres dans l'âge héroïque, et, comme on trouve fréquemment dans les sépulcres à Ithaque et à Corfou des scarabées avec des hiéroglyphes égyptiens et des idoles phéniciennes mêlés à des monnaies et à des lacrymatoires grecs, il me semble certain que l'usage d'ensevelir les morts n'a été introduit dans les îles Ioniennes que plusieurs siècles après Homère, par les Égyptiens et les Phéniciens.

A Rome, l'ancien usage de brûler les corps n'a disparu que sous l'empereur Domitien, et on voit au musée du Vatican, par exemple, une pierre avec l'inscription : « *Hic Caius Cæsar crematus est* » (ici Caius César a été brûlé), et une autre sur laquelle on lit : « *Hic Germanicus crematus est* » (ici Germanicus a été brûlé).

Arrivés au sommet de la montagne, nous recommençâmes nos fouilles, et dans l'emplacement du palais d'Ulysse il n'est pas resté une place de terre grande comme la main qui n'ait été fouillée par nous. Nous fîmes également des excavations entre les murs d'enclos et tout autour du sommet; mais, peine inutile : nous ne trouvâmes plus rien.

La seule découverte intéressante que j'aie faite ce jour-là fut celle des vestiges d'un ancien chemin, qui descend du palais du côté nord. Je ne pus pas suivre ces traces, tant à cause des arbrisseaux épineux qu'à cause des énormes difficultés du terrain ; mais, ayant appris par mes ouvriers qu'ils avaient vu dans les rochers, à environ quatre kilomètres plus au nord, les vestiges d'un ancien chemin, je conclus de suite que ce devait être la même route.

Notre consommation d'eau fut encore très-grande ce jour-là, car la chaleur de cinquante-deux degrés est accablante même pour les gens du pays.

Il n'y a pas le moindre doute que ces ruines du mont Aétos n'aient été déjà considérées dans l'antiquité comme celles du palais d'Ulysse, et que ce ne soit à cette demeure, perchée sur les rochers de l'Aétos, que Cicéron fait allusion quand il écrit (*de Oratore*, I, 44) : « *Ut Ithacam illam, in asperrimis saxis tanquam ni-* « *dulum affixam, sapientissimus vir immortalitati* « *anteponeret.* » (*Que le plus sage des hommes préférait même à l'immortalité cette Ithaque, qui est fixée comme un nid d'oiseau parmi les rochers les plus escarpés.*)

En outre la tradition désigne ces ruines comme Κάστρον Ὀδυσσέως (*forteresse* ou *château d'Ulysse*). Enfin le nom même Ἀετός (*Aétos* = *Aigle*) rappelle la scène omineuse de l'*Odyssée* (II, 146-156), où, pendant l'assemblée des Ithaciens, Jupiter fit subitement voler deux aigles de la cime de la montagne; lorsqu'ils arrivèrent au-dessus du centre de la bruyante assemblée, ils tournoyèrent en battant des ailes; ils regardèrent les têtes des Grecs réunis et présagèrent la mort aux prétendants.

Nous retournâmes à Vathy vers sept heures du soir. Cette fois mes hôtesses avaient fait pour moi un plat de poissons frits, et il y avait en outre des pommes de terre, de petits raisins frais en abondance, et du vin.

CHAPITRE V.

Ancien chemin merveilleux. — Γράμματα Ὀδυσσέως. — Champ de Laërte. — Lecture d'Homère aux habitants de Saint-Jean et de Leuce : leur enthousiasme et leur hospitalité. — Caractère de l'Ithacien, type de toutes les vertus. — Son patriotisme. — Fréquence des noms de Pénélope, d'Ulysse et de Télémaque. — Ignorance du clergé illustrée par un proverbe en vers grecs. — Cent quarante-neuf jours de fête par an.

Le lendemain 12 juillet, je partis avec mon guide, comme d'habitude à cinq heures du matin, d'abord pour explorer l'ancien chemin dont j'avais découvert la veille les vestiges, puis pour visiter le nord de l'île. Les traces de l'ancien chemin sont dans le flanc escarpé ouest du mont Sella, qui n'est, je le répète, qu'une continuation du mont Aétos, et se trouve à environ quatre kilomètres au nord de celui-ci. Comme je ne pouvais pas y aller à cheval et que j'appris que l'ancien chemin conduit, près du village Ἀγίου Ἰωάννου (*de Saint-Jean*), à des vignes sur les bords de la mer, que la tradition désigne comme Ἄγρος Λαέρτου (*Champ de Laërte*), j'y envoyai mon guide avec le cheval, tandis que je pris un autre homme pour me conduire par l'ancienne route à la propriété du père d'Ulysse.

Je montai avec beaucoup de peine sur le mont Sella, qui a bien cent mètres de haut et qui s'élève du côté est sous un angle de cinquante degrés, tandis que sa pente du côté de la mer est plus rapide encore. Arrivés au sommet, nous eûmes environ trente-trois mètres à parcourir de l'autre côté pour parvenir au chemin, qui est évidemment d'une haute antiquité, et dont les ruines mêmes sont merveilleuses. Il est entièrement taillé dans le rocher ; il a 4 mètres de large, et est flanqué à des intervalles d'environ 20 mètres de petites tours de défense construites de grandes pierres grossièrement taillées. D'immenses masses de pierres ont dû être enlevées pour tailler cette route dans un rocher, dont la pente ne peut pas avoir moins de cinquante-cinq degrés. Les pluies hivernales de trente et un siècles ont ravagé ce chemin ; mais il en reste assez pour montrer ce qu'il a été dans le temps du grand roi Ulysse.

On voit de là distinctement le chemin traverser vers le sud les monts Chordakia et Palæa-Moschata et monter ensuite le mont Aétos dans la direction du palais d'Ulysse. On le voit aussi au nord descendre insensiblement vers les vignes au-dessous du village de Saint-Jean.

C'est donc par ce chemin que, selon Homère (*Od.*, XXIV, 205-207), Ulysse et Télémaque descendirent au Champ de Laërte.

Οἱ δ' ἐπεὶ ἐκ πόλιος κατέβαν, τάχα δ' ἀγρὸν ἵκοντο
Καλὸν Λαέρταο τετυγμένον, ὅν ῥά ποτ' αὐτὸς
Λαέρτης κτεάτισσεν, ἐπεὶ μάλα πόλλ' ἐμόγησεν.

« Ils descendirent ensuite de la ville, et arrivèrent « bientôt au champ bien cultivé de Laërte ; celui-ci « l'avait acquis à force de travail. »

Je descendis dans la même direction, et je trouvai à environ moitié chemin un delta grec, de 33 centimètres de haut et d'autant de large, gravé dans une pierre de taille de 3m30 de long sur autant de large. Cette lettre, appelée par les habitants γράμματα 'Οδυσσέως, paraît certainement être très-ancienne, et il se peut bien qu'elle ait été faite par Ulysse.

Je ne tardai pas à arriver au Champ de Laërte, où je m'assis pour me reposer et pour relire le XXIVe chant de l'*Odyssée*. L'arrivée d'un étranger fait événement dans la capitale d'Ithaque et beaucoup plus encore à la campagne. A peine fus-je assis que tous les habitants du village firent foule autour de moi, et m'accablèrent de questions. Pour y couper court, je leur lus à haute voix le XXIVe chapitre de l'*Odyssée* du 205e jusqu'au 412e vers en le leur traduisant vers par vers dans leur dialecte. Immense fut leur enthousiasme en entendant réciter dans la langue sonore d'Homère, dans la langue de leurs glorieux ancêtres d'il y a trois mille ans, la description des affreuses misères que le vieux roi Laërte avait endurées dans l'endroit même où nous étions assemblés, et le tableau de la joie extrême qu'il avait ressentie en rencontrant dans ce même endroit, après vingt ans de séparation, son fils chéri Ulysse, qu'il avait cru mort. Tous les yeux étaient remplis de larmes, et, lorsque j'eus fini, hommes, femmes et enfants, tout le monde vint m'embrasser en me disant : Μεγάλην χαρὰν μᾶς ἔκαμες· κατὰ πολλὰ σὲ εὐχαριστοῦμεν (*Tu nous as fait une grande joie; nous te remercions beaucoup*). On me porta en triomphe au village, où tous à l'envi tâchèrent de me prodiguer leur hospitalité, sans vouloir accepter la moindre rémunération. On ne voulait pas me laisser partir avant que j'eusse promis une seconde visite au village.

Enfin, vers dix heures du matin, je continuai ma route sur la pente du mont Anoge (l'*ancien Néritos*), et, après une heure et demie de marche, nous arrivâmes au charmant village de Leuce (Λεύκη). On était déjà prévenu de ma visite, et les habitants, le prêtre en tête, vinrent à ma rencontre à une bonne distance en avant du village. On m'accueillit avec l'expression de la plus vive joie, et on ne fut pas content que je n'eusse serré la main à tout le monde. Il était midi quand nous arrivâmes au village, et, comme je devais encore visiter l'emplacement de l'ancienne vallée de Polis et son acropole, le village de Stavros, et le couvent de la Sainte-Vierge sur le sommet du mont Anoge, je ne voulais pas m'arrêter à Leuce. Mais on me pria beaucoup de lire quelques passages de l'Odyssée, et on y mit tant d'instances que je fus enfin obligé de céder. Pour être entendu par tout le monde, d'une table je me fis une tribune sous un platane, au milieu du village, et je lus à haute voix le XXIIIe chant de l'*Odyssée* du 1er jusqu'au 247e vers, où la reine d'Ithaque, la plus chaste et la meilleure des femmes, reconnaît son mari adoré après vingt ans de séparation. Bien que j'eusse lu cet épisode mille fois, je n'ai jamais pu le faire sans éprouver une vive émotion : ces vers divins produisirent le même effet sur mon auditoire; tout le monde pleura, et je pleurai avec tout le monde. La lecture finie, on insista pour que je restasse dans le village jusqu'au lendemain, mais je m'y refusai absolument.

On m'apporta une masse d'anciennes monnaies grecques, et parmi elles des pièces très-rares : toutes ces monnaies avaient été trouvées dans des fouilles sur l'emplacement voisin de l'ancienne ville de Polis. On voulait me les donner gratis; mais, à force d'instances, j'en fis accepter vingt francs. A grand'peine je réussis enfin à m'éloigner de ces braves villageois, mais non sans avoir trinqué avec eux et embrassé tout le monde.

Les habitants d'Ithaque sont francs et loyaux, extrêmement chastes et pieux, hospitaliers et charitables, vifs et laborieux, sympathiques et expansifs, propres et soigneux; ils possèdent au plus haut degré la prudence et la sagesse, ces deux sublimes vertus qu'ils ont reçues en héritage de leur grand ancêtre Ulysse. L'adultère est regardé chez eux comme un crime aussi abominable que le parricide, et quiconque s'en rendrait coupable serait impitoyablement mis à mort. Ils sont illettrés, et j'ose dire qu'à peine un sur cinquante sait lire et écrire; mais, ce qui leur manque en instruction, ils y suppléent par une telle vivacité d'esprit naturel que je trouve un charme extrême dans leur conversation. A peine me suis-je assis un quart d'heure auprès d'un Ithacien, que je connais déjà toute sa biographie et tous ses secrets; il me fait ces récits par le besoin qu'il éprouve d'épancher son cœur, et sans une ombre d'arrière-pensée.

En Grèce, comme partout, on dit Σεῖς (*vous*) en s'adressant à quelqu'un; mais la naïveté des Ithaciens est telle qu'ils n'emploient jamais ce mot pour une seule personne, et non-seulement les hommes, mais même les dames des familles les plus distinguées de la capitale, me tutoient.

L'immense patriotisme dont Ulysse fait preuve en préférant le retour dans sa patrie adorée à l'immortalité que la déesse Calypso lui offrait (*Od.*, V, 203-224), ce patriotisme est resté aussi vif, jusqu'à nos jours, chez les habitants de l'île; et lorsque, dans mes voyages en Orient, je rencontre un Ithacien et que je lui demande : « Ἀπὸ ποῖον μέρος τῆς Ἑλλάδος εἶσθε; » (*De quelle partie de la Grèce êtes-vous?*), il répond toujours, fier de sa nationalité, en levant la tête : « Εἶμαι Ἰθακήσιος μὰ τὸν Θεόν! » (*Je suis Ithacien, par Dieu!*)

Une autre preuve de leur patriotisme et de leur vénération pour la mémoire de leurs glorieux ancêtres, c'est qu'il y a presque dans chaque famille une fille du nom de Πηνελόπη (*Pénélope*) et deux fils portant les noms de Ὀδυσσεύς (*Ulysse*) et Τηλέμαχος (*Télémaque*).

Grâce à leur activité sans relâche, ces braves gens sont au-dessus du besoin, et jamais je n'ai vu un mendiant à Ithaque.

A Ithaque, comme dans le reste de la Grèce, le clergé n'est point salarié, et doit subsister du faible produit des baptêmes, enterrements, mariages, etc. La vie du prêtre grec est par conséquent une lutte continuelle contre le besoin, et, comme la carrière cléricale n'offre point d'avenir, les jeunes gens ne veulent pas étudier la théologie. C'est ainsi qu'on se fait prêtre dans ce pays, plutôt par indolence que par conviction, comme le prouve le beau proverbe en vers grecs :

Ἀμαθὴς καὶ κακοήθης,
Ἀκαμάτης καὶ φαγᾶς,
Οὐδὲν πλέον δὲν τὸν μένει
Παρὰ νὰ γενῇ παπᾶς.

« *C'est un homme ignorant et immoral, un fainéant et un gourmand; il ne lui reste plus rien à faire que de devenir prêtre.* »

Il va sans dire que la civilisation ne peut pas avancer dans un pays, où beaucoup de vicaires de Dieu n'ont embrassé son service qu'à cause de leur ignorance et de leur incapacité pour toute autre occupation, d'autant plus que, malgré cette ignorance, ils ont une grande influence sur le peuple. Mon illustre ami, l'archimandrite Théoclète Bimpos, d'Athènes, ne cesse pas de prêcher et d'écrire contre cet état de choses; mais aucune réforme ne se fait jusqu'à présent.

Une grande calamité, qu'Ithaque a en commun avec toute la Grèce, c'est qu'il y a annuellement, outre les cinquante-deux dimanches, quatre-vingt-dix-sept jours de fête, et ainsi en tout cent quarante-neuf jours de chômage par an. Cet énorme abus est naturellement une grande entrave au développement de l'industrie agricole et manufacturière.

CHAPITRE VI.

Vallée de Polis couverte de ruines. — Ancienne caverne. — Sarcophage avec inscription, lance, épée, scarabée égyptien, flûte, idoles, etc. — Acropole. — L'île Dascalion. — Les deux sources d'eau noire. — École d'Homère. — Village Stavros. — Mont Anoge, le Néritos d'Homère. — Fontaine Aréthuse. — Rocher Corax. — Ruines de la station du divin porcher Eumée. — Disparition des chênes. — Maladie de l'olivier.

Nous continuâmes notre route sur la pente de la montagne, et nous vîmes enfin, à cinquante mètres au-dessous de nous, la fertile vallée, appelée Polis, située sur un magnifique golfe du côté ouest de l'île.

Pour éviter un grand détour, nous descendîmes, avec beaucoup de difficulté, la pente rapide, et nous arrivâmes à trois heures et demie en bas. En me cramponnant pendant la descente avec les mains aux pierres et aux arbustes, pour ne pas tomber, je ne pus m'empêcher de rire en me rappelant que presque tous les voyageurs archéologues placent la capitale homérique dans la vallée de Polis, tandis que, selon les indications d'Homère, elle se trouvait sur une élévation, car Ulysse et Télémaque *descendent de la ville en allant au jardin de Laërte* (*Od.*, XXIV, 205-

206). Mais, en y allant de Polis, ils auraient nécessairement dû monter.

Les nombreuses ruines dont la vallée de Polis est parsemée et même le nom de Polis (*ville*) ne laissent pas de doute qu'il n'y ait eu ici dans l'antiquité une ville de quelque importance; mais je reviendrai plus tard sur la capitale homérique, et je tâcherai de donner maintes autres preuves qu'elle n'a pas pu se trouver dans la vallée de Polis.

A présent la vallée est plantée de vignes, et il n'y a qu'une seule petite maison. Je demandai au propriétaire s'il n'avait pas de curiosités à vendre. Il me répondit qu'il n'en avait pas; mais qu'un certain Dmitrios Loïsos, du village Caluvia, en faisant sur la plage, dans le port même de Polis, une fosse pour préparer de la chaux, venait de découvrir un tombeau avec beaucoup de curiosités. Il me conduisit à l'endroit, et ledit Loïsos s'empressa de me montrer les objets trouvés dans le sépulcre, ainsi que la pierre qui l'avait recouvert.

En faisant l'inspection des lieux, je reconnus sans peine que dans cet endroit avait été une immense caverne, ouverte sur la mer, et dont le plafond s'était écroulé probablement par un tremblement de terre. Sans doute, en tombant, le plafond avait cassé la pierre sépulcrale, dont il n'était resté qu'un morceau de 70 centimètres de long sur 50 de large, avec l'inscription suivante :

ΦΑΝΑΜΞΜ
ΙΜΑΤ
Μ ⊟ ≡Ρ
ϘΑΤΜΑ
≡Ρ<◈◇
ƎƎϤϚ
Ν□≡

Il est évident qu'il manque beaucoup de lettres à cette inscription.

Le reste du sarcophage, qui avait trois mètres de long, était également en pierre, mais sans inscription et fort mutilé.

L'ouvrier me montra les os humains qu'il y avait trouvés et qui étaient bien conservés, surtout la tête. Il avait trouvé, en outre, dans le sarcophage une lance de bronze, deux scarabées égyptiens, sur un desquels les hiéroglyphes sont très-distincts ; une bague en pierre ; huit monnaies en cuivre, dont une d'Ægium ayant sur un côté un aigle et sur l'autre la tête de Bacchus couronné de lierre, avec l'inscription ΑΙΓΙΕΩΝ (les sept autres monnaies étaient rongées par la rouille) ; puis une idole de Minerve en terre cuite ; un morceau de flûte en pierre avec l'inscription suivante : ΗϟΑΡΤΤΜ ; un morceau de pierre polie ressemblant beaucoup à une corne de mouton ; de petits cubes de pierre verte et enfin les débris d'une épée de bronze.

Le brave ouvrier semblait avoir plus d'admiration pour l'argent que pour Homère ; il me demanda d'abord 200 francs pour ces objets; mais, à force de marchander, je les obtins enfin pour 25 francs.

La présence de la lance et de l'épée dans le sarcophage, et la grandeur de celui-ci, ne me laissent pas de doute que le défunt n'ait été un guerrier distingué.

Dmitrios Loïsos était occupé à fouiller le sol à côté du susdit sépulcre, et ne tarda pas à retirer deux clous grossiers en fer, qui étaient tellement mangés par la rouille qu'ils tombèrent en petits morceaux au contact de la main. « Ces clous me font croire qu'il y a eu dans cet endroit un cercueil en bois, » dis-je à l'ouvrier, et à peine eus-je prononcé ces paroles qu'il mit à jour une grossière idole phénicienne en terre cuite, une élégante statuette de Minerve également en terre cuite, et plusieurs monnaies de cuivre mangées par la rouille. Je lui achetai tous ces objets pour 1 franc 40 c.

Immédiatement au-dessus de cet endroit, sur une colline de cent mètres de haut, on voit les ruines de l'ancienne acropole de Polis. J'y montai pour les examiner; mais il n'en reste que des murs d'enclos, en pierres grossièrement taillées, de 1 à 2 mètres de long, et de 1 mètre à 1^{m}30 de large. J'y vis un tombeau qu'on venait de découvrir dans le rocher ; mais on n'y a trouvé que des débris d'os et une bague en argent, mais aucune inscription. Cette citadelle est insignifiante, si on la compare avec celle du palais d'Ulysse sur l'Aétos. On voit de là très-bien la petite île de Dascalion, qui est à dix kilomètres au nord-ouest de Polis et à trois kilomètres de Céphalonie.

Le nom de Dascalion n'est, sans aucun doute, qu'une abréviation de Διδασκαλεῖον (*école*), un moine y ayant établi une école au dix-septième siècle. A présent l'île est inhabitée ; mais l'on y voit une maison et une petite église, où un prêtre de Céphalonie vient deux fois par mois dire la messe. Comme c'est la seule île dans le détroit qui sépare Ithaque de Céphalonie, on croit que c'est l'île d'Astéris d'Homère (*Od.*, IV, 842-847), mais à tort. Je reviendrai sur ce sujet et je donnerai de nombreuses preuves que c'est impossible.

Nous visitâmes ensuite les deux sources appelées vulgairement « αἱ δύο πηγαὶ μελανύδατος » (*les deux sources d'eau noire*), dont l'eau, quoique parfaitement claire, a néanmoins la singulière propriété de teindre en noir.

Près de ces deux sources, au milieu d'une vallée d'une grande fertilité, se trouve un édifice sans toit de 8m33 de long sur 5m32 de large et de 3 mètres de haut, que la tradition désigne comme l'école d'Homère. Les murs sont bâtis en pierres de taille de 1m67 de long sur autant de large, mises l'une sur l'autre sans ciment ni attaches. La rangée inférieure de pierres paraît être beaucoup plus ancienne que le reste. Dans un des murs il y a une niche, où il y avait probablement une statue.

A côté de ce bâtiment un escalier taillé dans le rocher, mais presque détruit par le temps, et dont on peut à peine reconnaître les degrés, conduit dans une magnifique vigne.

Nous nous reposâmes un peu dans le village voisin, appelé Stavros, où l'on me fit également l'accueil le plus cordial, et nous montâmes ensuite sur le mont Anoge, le *Néritos* d'Homère, qui s'élève à environ mille mètres au-dessus du niveau de la mer.

Au lieu des forêts dont cette montagne était couverte du temps d'Homère, on n'y voit à présent qu'un très-petit nombre d'oliviers. Une route d'environ $2^{m}66$ de large, et assez bien faite, conduit en spirale du village de Stavros au couvent de la Sainte-Vierge, sur le sommet de la montagne, et de là, en zigzag, du côté sud, jusqu'en bas. L'ascension est un peu fatigante; mais, arrivé au sommet, on est bien récompensé de sa peine, car le panorama est vraiment admirable : on voit de là toute l'île d'Ithaque, avec ses nombreux golfes, toutes les îles Ioniennes (excepté Corfou), l'Acarnanie et le Péloponèse.

Nous ne retournâmes à Vathy qu'à la nuit tombante. Le lendemain 13 juillet, je pris comme d'habitude mon bain à quatre heures du matin, en me faisant conduire en barque à une petite île, au milieu du port. Sur cet îlot les Anglais ont fait construire une prison, lorsque les îles Ioniennes se trouvaient encore sous leur protection. A présent les cellules de la prison sont sans locataires, et la ville les emploie comme arsenal maritime. Autour de cette prison est un vaste trottoir où l'on se déshabille, et d'un saut on se trouve dans l'eau, profonde à cet endroit de huit à dix brasses. La température de l'eau est, le matin, de vingt-huit degrés, et, le soir, de trente.

Après le bain j'allai avec mon guide visiter la partie sud de l'île.

Au commencement nous eûmes un bon chemin; mais ensuite un misérable sentier tellement escarpé et si plein de pierres glissantes que je fus obligé de descendre de cheval et de marcher à pied. Après deux heures nous arrivâmes à la fameuse fontaine d'Aréthuse, qui se trouve au pied d'un rocher perpendiculaire de trente-quatre mètres de haut, appelé Corax (*Corbeau*).

Il paraît certain que cette fontaine a été jadis extrêmement abondante et violente, car devant elle se trouve une ravine de trente-quatre mètres de profondeur et de soixante-dix mètres de largeur, qui s'étend jusqu'à la mer, distante d'un kilomètre, et qui a été évidemment creusée dans le rocher par l'impétuosité des eaux de l'Aréthuse. Mais à présent cette fontaine coule avec une telle lenteur qu'on ne parviendrait pas à en puiser deux cents litres par jour.

Homère parle de l'Aréthuse et du Corax dans ces beaux vers (*Od.*, XIII, 407-410) :

Δήεις τόνγε σύεσσι παρήμενον· αἱ δὲ νέμονται
Πὰρ Κόρακος πέτρῃ, ἐπί τε κρήνῃ Ἀρεθούσῃ,
Ἔσθουσαι βάλανον μενοεικέα, καὶ μέλαν ὕδωρ
Πίνουσαι, τάθ' ὕεσσι τρέφει τεθαλυῖαν ἀλοιφήν.

« Tu le trouves assis près du troupeau, qui paît
« à côté du rocher Corax, en mangeant des glands
« doux, près de la fontaine Aréthuse, et en buvant

« une eau noire, qui donne aux cochons une graisse « florissante. »

Cependant la situation de cette fontaine, qui est bordée au nord par le rocher perpendiculaire de Corax et au sud par une pente qui descend sous un angle de cinquante-cinq à soixante degrés vers la mer voisine, ne laisse pas de place à la supposition que les troupeaux de porcs aient pu s'approcher de l'Aréthuse même, ni qu'ils aient pu être gardés en face d'elle du côté de la mer. Mais immédiatement au-delà du rocher Corax, à quatre-vingts mètres au-dessus du niveau de la mer, se trouve un plateau uni et très-fertile, bordé au nord par une élévation rocheuse de quelques mètres de haut. Au pied de cette élévation, du côté sud, on voit des ruines dans lesquelles je suis parvenu à retrouver dix bâtiments ne contenant chacun qu'une pièce de 3^m33 de long sur autant de large, construits l'un à côté de l'autre de pierres grossièrement taillées, de 1 mètre à 2 mètres de long et de 66 centimètres à 1 mètre de large et de haut. Trois de ces édifices sont en partie creusés dans le rocher. A 10 mètres au sud de ces ruines, on voit les débris d'un bâtiment d'environ 15 mètres de long sur autant de large.

On reconnaît facilement dans ce plateau le champ où le divin porcher Eumée avait établi sa cour, sa maison et les douze étables pour les porcs, car il n'y a pas un autre champ uni dans les environs, et en outre celui-ci répond parfaitement aux mots d'Homère (*Od.*, XIV, 6) : « Περισκέπτῳ ἐνὶ χώρῳ », littéralement traduit : *dans un champ visible à l'entour;* c'est-à-dire, sur un plateau élevé. En outre ce plateau est immédiatement au-dessus du rocher Corax, auquel Homère fait allusion, lorsque Ulysse engage son hôte à le faire précipiter du grand rocher, s'il ne dit pas la vérité (*Od.*, XIV, 398-400) :

Εἴ δέ κε μὴ ἔλθῃσιν ἄναξ τεός, ὡς ἀγορεύω,
Δμῶας ἐπισσεύας, βαλέειν μεγάλης κατὰ πέτρης,
Ὄφρα καὶ ἄλλος πτωχὸς ἀλεύεται ἠπεροπεύειν.

« Et si le roi ne vient pas, comme je l'annonce, « commande à tes serviteurs de me jeter de ce haut « rocher, pour qu'un autre vagabond se garde de « mentir. »

On reconnaît également dans les ruines des constructions cyclopéennes dix des douze étables de porcs, dont parle Homère (*Od.*, XIV, 13-16) :

Ἔντοσθεν δ' αὐλῆς συφεοὺς δυοκαίδεκα ποίει
Πλησίον ἀλλήλων, εὐνὰς συσίν· ἐν δὲ ἑκάστῳ
Πεντήκοντα σύες χαμαιευνάδες ἐρχατόωντο,
Θήλειαι τοκάδες· τοὶ δ' ἄρσενες ἐκτὸς ἴαυον.

« Dans l'intérieur de la cour il avait bâti, les unes « auprès des autres, douze étables, où couchent les « porcs. Chacune d'elles renfermait cinquante femelles « pleines, qui s'étendent sur la terre; les mâles dor- « ment au dehors. »

De ce plateau, une pente s'étend jusqu'à l'embouchure de la ravine dans la mer, et sans doute les troupeaux de porcs étaient conduits matin et soir par cette pente pour être abreuvés dans la ravine, de l'eau de la fontaine Aréthuse, car il n'y a aucune autre source dans les environs. Il est vrai que cette pente, qui est d'abord très-douce, devient plus raide sur les trente-trois derniers mètres de sa longueur et descend sous un angle de trente-six degrés, de sorte qu'il paraît impossible que des porcs gras, et surtout des femelles pleines, aient pu la descendre et la monter deux fois par jour. Mais, sans aucun doute, dans l'antiquité, il y avait à cet endroit un chemin large et commode qui descendait en zigzag. J'ai pris beaucoup de peine pour retrouver les traces de ce chemin; mais, comme je n'avais avec moi aucun instrument pour faire des fouilles, je n'ai pas pu y parvenir.

Les troupeaux d'Eumée étaient nourris de glands (*Od.*, XIII, 409); Ithaque avait donc alors une grande abondance de chênes: mais cet arbre a totalement disparu de l'île.

Le seul arbre cultivé aujourd'hui à Ithaque est l'olivier; mais une maladie s'y est déclarée il y a deux ans, et jusqu'à présent tous les efforts pour y porter remède sont restés sans succès. L'écorce et les feuilles de l'olivier malade deviennent noirâtres et émettent une odeur fétide; l'arbre fleurit encore, mais ses rares fruits restent chétifs et tombent avant d'atteindre la maturité. Jusqu'à présent le mal a été limité à un certain nombre d'arbres, et on ne le croit pas contagieux; cependant le nombre des arbres malades augmente.

La maladie des raisins est également loin d'être extirpée; on y remédie en soufrant; mais le mal reparaît partout où on le néglige : si, par exemple, on soufre toutes les grappes d'une vigne et qu'on en omette seulement une, le mal se manifeste inévitablement sur cette seule grappe.

CHAPITRE VII.

Dans les habitations champêtres on voit revivre l'antiquité classique. — Férocité des chiens qu'on adoucit en s'humiliant devant eux. — Type d'un vieillard de la campagne d'Ithaque ; son patriotisme, son orgueil national, son avidité de s'instruire. — Bain nocturne. — Ancien chemin de l'Aréthuse au palais d'Ulysse. — L'identité de la pente est du mont Palæa-Moschata avec l'emplacement de la capitale homérique.

Le mardi, 14 juillet, je partis à cinq heures du matin à cheval avec mon guide pour explorer la partie sud-est et sud de l'île, à gauche de l'Aréthuse; mais les difficultés du terrain étaient telles que nous fûmes bientôt forcés de laisser le cheval dans un champ et de faire le reste de l'excursion à pied.

Dans chaque maison de paysan de l'île d'Ithaque on voit revivre l'antiquité classique, et on ne peut s'empêcher de penser à la description qu'Homère fait de la station du divin porcher Eumée (*Od.*, XIV, 5-12) :

Τὸν δ' ἄρ' ἐνὶ προδόμῳ εὗρ' ἥμενον, ἔνθα οἱ αὐλὴ
Ὑψηλὴ δέδμητο, περισκέπτῳ ἐνὶ χώρῳ,
Καλή τε μεγάλη τε, περίδρομος· ἥν ῥα συβώτης

Αὐτὸς δείμαθ' ὕεσσιν, ἀποιχομένοιο ἄνακτος,
Νόσφιν δεσποίνης καὶ Λαέρταο γέροντος,
Ῥυτοῖσιν λάεσσι, καὶ ἐθρίγκωσεν ἀχέρδῳ,
Σταυροὺς δ' ἐκτὸς ἔλασσε διαμπερὲς ἔνθα καὶ ἔνθα,
Πυκνοὺς καὶ θαμέας, τὸ μέλαν δρυὸς ἀμφικεάσσας.

« Il le trouva assis sur le seuil de la maison, au « lieu où, sur un plateau élevé, il avait bâti de hau- « tes, grandes et belles étables isolées; le porcher les « avait bâties lui-même, pour les porcs, en l'absence « du roi, sans l'aide de la maîtresse ni du vieillard « Laërte, avec des pierres qu'il avait transportées « lui-même; et il les avait encloses d'une haie d'épines; « il avait planté à l'extérieur une ligne continue de « pieux drus et nombreux taillés dans le cœur noir « du chêne. »

Les habitations sont toujours construites sur des plateaux élevés; elles se trouvent toujours au milieu d'une basse-cour, entourées d'une muraille de cailloux négligemment entassés les uns sur les autres; le haut de cette muraille est partout garni d'une haie d'épines sèches, et d'une palissade épaisse de bâtons pointus.

En m'approchant de ces habitations isolées dans les champs, soit pour acheter des raisins, soit pour boire de l'eau, j'étais toujours assailli par une masse de chiens. Jusqu'alors j'avais toujours réussi à les tenir à une distance respectueuse en leur jetant des pierres, ou en feignant seulement d'en ramasser. Mais, ce jour-là, voulant entrer dans une cour de paysan au sud de l'île, je fus attaqué avec fureur par quatre grands chiens, que n'effrayèrent ni mes pierres ni mes menaces. J'appelai à grands cris à mon secours; mais mon guide était resté en arrière et il paraît qu'il n'y avait personne dans la maison du paysan. Dans cette terrible position, il me revint par bonheur à l'esprit ce qu'Ulysse avait fait dans un semblable danger (*Od.*, XIV, 29-31):

Ἐξαπίνης δ' Ὀδυσῆα ἴδον κύνες ὑλακόμωροι·
Οἱ μὲν κεκλήγοντες ἐπέδραμον· αὐτὰρ Ὀδυσσεὺς
Ἕζετο κερδοσύνῃ, σκῆπτρον δὲ οἱ ἔκπεσε χειρός.

« Soudain les chiens aboyants virent Ulysse, et ac-
« coururent en hurlant; mais Ulysse prudemment
« s'assit, et son bâton lui tomba de la main. »

Je suivis donc l'exemple du sage roi, en m'asseyant vaillamment par terre, et en me tenant immobile, et aussitôt les quatre chiens, qui semblaient prêts à me dévorer, formèrent un cercle autour de moi et continuèrent à aboyer, mais sans me toucher. Si j'eusse fait le moindre mouvement, ils m'auraient mordu; mais, en m'humiliant devant eux, j'adoucis leur férocité.

On trouve cette particularité du caractère des chiens confirmée dans Pline (VIII, 61, *édit. F. Didot*): « Impetus canum et sævitia mitigatur ab homine considente humi. » (*On arrête l'impétuosité et la furie des chiens en s'asseyant à terre*); et aussi dans Aristote (*Rhet.*, II, 3) : « Ὅτι δὲ πρὸς τοὺς ταπεινουμένους παύεται ἡ ὀργὴ καὶ οἱ κύνες δηλοῦσιν οὐ δάκνοντες τοὺς καθίζοντας. »

(*Que la colère cesse contre ceux qui s'humilient, c'est mis en évidence par les chiens qui ne mordent pas les hommes qui s'assoient.*)

Mon guide, qui vit ma position désespérée, attira à force de cris le maître de la maison, qui était occupé dans une vigne à quelque distance de la maison, et celui-ci s'empressa d'appeler les chiens et de me délivrer. C'était un vieillard septuagénaire, aux traits doux, aux grands yeux intelligents, au nez aquilin; sa longue chevelure blanche comme la neige contrastait singulièrement avec le teint de sa figure noircie par l'ardeur du soleil. Selon l'habitude des paysans, il allait pieds nus, et portait la *foustanella* blanche de coton, qui est liée autour du corps au-dessus du ventre et descend en mille plis jusqu'aux genoux.

C'est le costume albanais qui n'a été adopté en Grèce que depuis la révolution; il s'est conservé en Albanie depuis la plus haute antiquité; car on le trouve souvent représenté sur les anciennes statues et notamment sur celle de Pyrrhus, roi d'Épire, au musée de Naples.

Je fis au vieux campagnard les plus vifs reproches sur la férocité de ses chiens, qui m'auraient déchiré, ou au moins cruellement mordu, si, au moment du danger imminent, je ne m'étais rappelé l'expédient employé en pareille circonstance par le grand roi d'Ithaque.

Il me fit mille excuses et me dit que ses chiens connaissaient parfaitement les habitants des environs, et aboyaient à peine à leur approche; que de sa mémoire jamais un étranger n'était venu à sa demeure, au milieu des champs, presque à l'extrémité de l'île, et que par conséquent il n'avait pu prévoir un tel danger.

A ma question, pourquoi, malgré son apparente indigence, il gardait quatre chiens qui devaient manger au moins autant que deux hommes, il répondit presque en colère que son père, son grand-père, et tous ses ancêtres jusqu'à Télémaque, Ulysse et Pénélope, avaient eu le même nombre de chiens, et qu'il préférait se soumettre à des privations plutôt que de se défaire d'un seul de ses fidèles gardiens.

Je n'avais plus rien à répondre aux arguments du brave vieillard, qui, dans l'excès de son patriotisme et de sa fierté nationale, se révoltait à la seule idée d'avoir dans sa maison un moindre nombre de chiens que ses glorieux ancêtres du temps de la guerre de Troie. Croyant m'avoir satisfait par ses explications, il m'apporta un panier rempli de pêches et de raisins, et, nouvelle preuve de son orgueil, et de son amour-propre, il refusa énergiquement d'en accepter la moindre rémunération ; car il pensa sans doute m'indemniser par ces fruits des angoisses que j'avais endurées au milieu de ses chiens. Mais, désirant à tout prix le récompenser de son hospitalité, je lui lus dans l'ancienne langue et lui traduisis dans son idiome les cent treize premiers vers du quatorzième chant de l'Odyssée, qu'il écouta avec un profond recueillement. Cette lecture finie, je voulais partir ; mais il insista pour que je lui racontasse quelque chose de l'Iliade, dont il n'avait qu'une idée confuse. Je crus cependant ma dette suffisamment payée et ne me laissai pas retenir. Mais la curiosité du vieillard était trop éveillée pour laisser échapper l'occasion d'apprendre les événements de la guerre de Troie; il m'accompagna donc à pied pendant le reste de la journée, et ne me donna pas un moment de repos avant d'avoir entendu le récit sommaire des vingt-quatre chants de l'Iliade.

Nous parcourûmes les parties sud et sud-est de l'île, et nous trouvâmes sur deux petits plateaux, sur le rivage escarpé de la mer, les ruines d'un certain nombre d'édifices en briques, en cailloux et en ciment, qui, à en juger par leur construction, peuvent bien remonter à la fin de la république romaine, ou au commencement de l'empire; mais, malgré toutes mes recherches, je n'ai pas pu y découvrir une seule pierre de construction cyclopéenne.

Mon exploration m'ayant trop éloigné du champ où nous avions laissé le cheval, j'envoyai mon guide le ramener à la ville, tandis que j'y retournai à pied avec le propriétaire des chiens féroces, qui manifesta une envie d'apprendre comme on ne la trouve que rarement même chez la jeunesse. Il resta avec moi à Vathy à dîner, et ne me quitta que lorsque je me couchai et feignis de dormir. Il sortit enfin, mais en murmurant qu'il ne manquerait pas de revenir le jour de mon départ pour me faire ses derniers adieux.

La nuit était une des plus chaudes que j'eusse jamais vues en Europe, et, bien que j'eusse ouvert les fenêtres des deux côtés, mon thermomètre indiquait trente-cinq degrés à minuit. Je ne pouvais pas dormir à cause, soit de la grande chaleur, soit de la trop grande quantité de vin que la soif m'avait fait boire. Je me levai donc à deux heures du matin, je sortis avec ma robe de chambre que je déposai sur le rivage, immédiatement au-dessous de mes fenêtres, et je sautai dans la mer dont la température n'était pas au-dessous de trente-et-un ou trente-deux degrés. Rien de plus agréable qu'un bain à cette température, dans une mer très-profonde, calme et contenant six pour cent de sel, de sorte qu'on nage presque sans se mouvoir. Je traversai et retraversai le magnifique golfe, et il était quatre heures lorsque je retournai dans ma chambre.

Mes gracieuses hôtesses avaient déjà préparé mon déjeuner, et à quatre heures et demie je partis avec mon guide pour visiter de nouveau le petit plateau au-dessus de l'Aréthuse, où se trouvent les ruines de la basse-cour d'Eumée, et pour aller de là, par l'ancien chemin, visiter la partie nord de l'île.

Ce chemin n'a que 66 centimètres à 1 mètre de large et il fait le tour du mont Néion (appelé à présent mont Saint-Étienne) à une hauteur d'environ 66 mètres au-dessus du niveau de la mer; il est presque entièrement coupé dans le rocher, et on reconnaît à première vue qu'il est très-ancien. Selon le dire de tous les vieux habitants, ce chemin était autrefois la seule voie de communication entre le sud et le nord de l'île, car la nouvelle route a été construite il y a une trentaine d'années seulement par les Anglais.

Sans aucun doute c'est par ce chemin, appelé par Homère (*Od.*, XIV, 1) : « τρηχεῖαν ἄταρπον » (*âpre sentier*), et (*Od.*, XVII, 204) : « ὁδὸν παιπαλόεσσαν » (*chemin raboteux*), qu'Ulysse, après son arrivée dans le port de Phorcys, alla trouver le fidèle gardien de ses troupeaux, et par ce même chemin aussi que le roi et Eumée allèrent ensemble au palais sur l'Aétos. En effet il répond parfaitement aux qualificatifs *âpre* et *raboteux* que lui donne le poëte, car ses pentes sont si rapides, et il est si inégal et si glissant, qu'en maints endroits on ne peut pas passer à cheval.

Après trois heures de marche nous arrivâmes au pied du mont Aétos, où l'ancien chemin se bifurquait jadis en deux sentiers, dont l'un conduisait du côté est au palais d'Ulysse, et l'autre dans la partie nord de l'île. De ce dernier, toute trace a été effacée par la nouvelle route qui va dans la même direction. Mais du premier, j'ai retrouvé de nombreux vestiges en descendant de l'Aétos.

A l'endroit de l'ancienne bifurcation, il y a une source abondante, dont la maçonnerie intérieure atteste une haute antiquité. On peut reconnaître dans cette source celle décrite par Homère (*Od.*, XVII, 204-211):

Ἀλλ' ὅτε δὴ στείχοντες ὁδὸν κάτα παιπαλόεσσαν
Ἄστεος ἐγγὺς ἔσαν, καὶ ἐπὶ κρήνην ἀφίκοντο
Τυκτ ἡν,καλλίροον, ὅθεν ὑδρεύοντο πολῖται,

Τὴν ποίησ' Ἴθακος καὶ Νήριτος ἠδὲ Πολύκτωρ·
Ἀμφὶ δ' ἄρ' αἰγείρων ὑδατοτρεφέων ἦν ἄλσος,
Πάντοσε κυκλοτερές, κατὰ δὲ ψυχρὸν ῥέεν ὕδωρ
Ὑψόθεν ἐκ πέτρης· βωμὸς δ' ἐφύπερθε τέτυκτο
Νυμφάων, ὅθι πάντες ἐπιῤῥέζεσκον ὁδῖται.

« Mais lorsque, en allant dans le rude sentier, ils fu-
« rent près de la ville, et arrivèrent à la source au beau
« cours, bien enchâssée, où les citoyens puisaient
« leur eau, et qui fut établie par Ithacos et Néritos et
« Polyctor ; en cercle autour d'elle était un bosquet
« de peupliers aimant l'eau ; du haut d'une roche
« coulait de l'eau froide et au-dessus de la fontaine
« était construit un autel des Nymphes, où tous les
« voyageurs avaient l'habitude de sacrifier... »

C'est donc à cette source qu'Ulysse et Eumée rencontrèrent le pasteur des chèvres, Mélanthe, fils de Dolios (*Od.*, XVII, 212-216).

Nous montâmes ensuite sur le mont Palæa-Moschata qui est immédiatement au nord du mont Aétos, et qui n'est qu'une continuation de celui-ci. Nous avions loué, moyennant cinquante centimes, deux houes à un paysan dans la vallée, et nous fîmes de nombreuses petites fouilles sur le sommet de la colline et sur la pente jusqu'au rivage de la mer.

A une profondeur de 20 à 40 centimètres nous trouvâmes partout des débris de tuiles et de poterie, ce qui prouve jusqu'à l'évidence, qu'une ville a existé dans cet endroit, et il me paraît certain que c'est la capitale homérique dont il est question

(*Odyssée*, XVI, 471 ; XVII, 205 ; XXIII, 137 et XXIV, 205).

Je répète qu'une ville a existé dans la vallée de Polis, et je crois même que c'est la ville désignée par Ptolémée (III, 14) : « Ἰθάκη ἐν ᾗ πόλις ὁμώνυμος » (*Ithaque dans laquelle est une ville du même nom*), et celle dont parle Scylax en Acarnanie : « Νῆσος Ἰθάκη καὶ πόλις καὶ λιμήν » (*l'île d'Ithaque et la ville et le port*) ; mais il me paraît impossible qu'elle ait pu être la capitale homérique, car la vallée de Polis est sur le rivage de la mer et entourée de montagnes. Par conséquent, en sortant de Polis, de quelque côté que ce fût, on devait nécessairement « ἀναβαίνειν » (*monter*) et non pas « καταβαίνειν » (*descendre*). Mais Ulysse, Télémaque et les deux esclaves « κατέβαν » (*descendirent*) de la ville (*Od.*, XXIV, 205 et 206).

De même d'après les vers (*Od.*, XVI, 471-473) :

Ἤδη ὑπὲρ πόλιος, ὅθι θ' Ἑρμαῖος λόφος ἐστίν,
Ἦα κιών, ὅτε νῆα θοὴν ἰδόμην κατιοῦσαν
Ἐς λιμέν' ἡμέτερον · πολλοὶ δ' ἔσαν ἄνδρες ἐν αὐτῇ.

« J'avais déjà passé la ville, où est la colline de « Mercure, lorsque je vis entrer dans notre port un « navire rapide contenant beaucoup d'hommes. »

Il paraît évident que la ville était sur une élévation.

En outre la vigne que la tradition désigne comme « ἄγρος Λαέρτου » (*champ de Laërte*) se trouve à douze kilomètres de Polis, tandis qu'elle n'est qu'à deux kilomètres de Palæa-Moschata, que j'indique comme l'emplacement de la ville homérique. Comme, selon le XXIVe livre, 205-206, Ulysse et ses compagnons parvinrent *promptement,* de la ville, au champ de Laërte, il est impossible qu'ils soient venus de Polis. Enfin les vers (XXIII, 135-148 ; 370-373) ne laissent aucun doute que le palais d'Ulysse n'ait été dans la ville même, ou à côté d'elle, et si par la tradition, par l'allusion de II, 146-160, par le témoignage de Cicéron (*de Oratore* I, 44), et enfin par les grandioses ruines qui ont défié trente et un siècles, nous admettons comme certain que le palais du roi était sur la montagne Aétos, la capitale homérique ne peut avoir été que sur le sommet et sur la pente est du mont Palæa-Moschata.

Cette dernière exploration m'avait pris presque toute la journée, et il était sept heures du soir lorsque je rentrai à Vathy. Bien que ce fût mercredi, et ainsi jour de jeûne, j'eus une abondance de bons poissons pour mon dîner, car les demoiselles Triantafyllidès, dans l'excès de leur prévenance, avaient envoyé exprès pour moi un pêcheur tendre ses filets, en l'assurant qu'elles lui achèteraient le produit de sa pêche.

Mon insomnie de la nuit précédente, mon long bain nocturne et les travaux de la journée par une chaleur épouvantable m'avaient fatigué à tel point que je m'endormis à table avant d'avoir terminé mon dîner, et je restai dans cette position jusqu'à cinq heures du matin, lorsque je fus réveillé par le soleil qui me donna droit dans les yeux. Je me hâtai de prendre mon bain, de déjeuner et de partir à cheval pour visiter encore une fois toute la partie nord de l'île.

CHAPITRE VIII.

Colline de Mercure. — Les golfes d'Aétos et de Saint-Spiridon étaient les ports de la capitale homérique. — Preuves évidentes que l'île Dascalion ne peut pas être l'Astéris d'Homère. — Accueil cordial à Leuce. — Départ pour Dascalion. — Lecture du combat entre les grenouilles et les souris. — Fausse traduction du mot μῦς en France. — Erreur d'Apollodore sur Astéris. — Topographie de l'île Dascalion. — Position probable de l'Astéris d'Homère. — Lit de pierre avec Homère pour oreiller.

En passant au pied du mont Palæa-Moschata, je ne pus pas résister au désir de l'escalader derechef pour voir quel pouvait être le « Ἑρμαῖος λόφος » (*la colline de Mercure*), et je n'eus aucune peine à le reconnaître dans un petit rocher de 17 mètres de haut, appelé à présent Chordakia, au pied duquel Eumée devait se trouver en sortant de la ville (*Od.*, XVI, 471), et d'où il pouvait parfaitement voir l'entrée du navire des prétendants, et s'assurer qu'il était rempli d'hommes, de boucliers et de lances à deux tranchants (*Od.*, XVI, 472, 474). Il pouvait faire ces observations, soit que le navire entrât dans le golfe Aétos, qui se trouve sur la côte est de l'île, au pied du mont Aétos et du mont

Palæa-Moschata, et qui doit avoir été le port principal de la ville homérique, soit qu'il entrât dans le petit golfe de Saint-Spiridon, situé sur la côte ouest d'Ithaque au pied du mont Aétos, et justement vis-à-vis de l'ancienne ville de Samos en Céphalonie.

En arrivant à Ithaque j'ai moi-même débarqué dans ce petit golfe, qui sert encore aujourd'hui de port pour les barques. L'isthme entre ce port et celui d'Aétos n'a, je le répète, qu'une largeur de 800 mètres, et comme on va du golfe de Saint-Spiridon à Samos en une heure, par un vent favorable, tandis que cette traversée exige toute une journée, en partant du golfe Aétos et en doublant l'île du côté sud, il n'y a pas le moindre doute que les deux golfes n'aient servi comme ports de mer aux habitants de l'ancienne capitale.

Il paraît certain aussi que le golfe de Saint-Spiridon a toujours servi de port aux habitants du palais d'Ulysse, car la pente ouest de l'Aétos est, je le répète, un peu plus douce que les autres, et un chemin commode, dont on découvre encore çà et là les traces conduisait en serpentant par cette pente, dudit golfe au sommet de la colline. Aussi les prétendants étaient-ils sûrs que Télémaque débarquerait à son retour de Pylos et de Lacédémone dans ce port vis-à-vis de Céphalonie; car autrement ils ne se seraient pas mis en embuscade de ce côté de l'île pour le tuer avant son arrivée (*Od.*, IV, 669-671).

Ἀλλ' ἄγε μοι δότε νῆα θοὴν καὶ εἴκοσ' ἑταίρους,

Ὄφρα μιν αὐτὸν ἰόντα λοχήσομαι ἠδὲ φυλάξω
Ἐν πορθμῷ Ἰθάκης τε Σάμοιό τε παιπαλοέσσης.

« Eh bien! donnez-moi un navire rapide et vingt « compagnons, pour que je le guette en venant, et « que je l'épie dans le détroit d'Ithaque et de Samos « escarpée. »

Puis Homère dit (*Od.*, IV, 842-847) :

Μνηστῆρες δ' ἀναβάντες ἐπέπλεον ὑγρὰ κέλευθα,
Τηλεμάχῳ φόνον αἰπὺν ἐνὶ φρεσὶν ὁρμαίνοντες.
Ἔστι δέ τις νῆσος μέσσῃ ἁλὶ πετρήεσσα,
Μεσσηγὺς Ἰθάκης τε Σάμοιό τε παιπαλοέσσης,
Ἀστερίς, οὐ μεγάλη· λιμένες δ' ἔνι ναύλοχοι αὐτῇ
Ἀμφίδυμοι· τῇ τόνγε μένον λοχόωντες Ἀχαιοί.

« Les prétendants s'embarquèrent et firent voile « sur la route humide, méditant dans leur esprit la « mort cruelle de Télémaque. Il y a une île rocheuse « au milieu de la mer entre Ithaque et l'âpre Samos, « Astéris, qui n'est pas grande; elle a des ports à deux « entrées, qui conviennent pour l'embuscade des na- « vires; c'est là que les Achéens embusqués l'atten- « dirent. »

Ce qui m'embarrasse dans la topographie de l'Odyssée, c'est l'île d'Astéris, qu'on croit être l'île Dascalion, parce que celle-ci est la seule île dans tout le détroit entre Ithaque et Céphalonie, et on en tire la conséquence que la capitale homérique doit s'être trouvée nécessairement dans la vallée de Polis.

Je crois avoir suffisamment démontré que cela est impossible, et que la capitale doit nécessairement avoir été sur la pente de Palæa-Moschata ; il me reste donc à prouver qu'Astéris ne peut dans aucun cas être Dascalion.

Cette île est à une distance de vingt kilomètres nord-nord-ouest de l'Aétos, et elle est si petite qu'on ne la voit point de cette montagne. Ainsi les prétendants ne pouvaient pas y épier le navire de Télémaque, qui, venant du sud, faisait voile pour le golfe de Saint-Spiridon. Ils ne pouvaient pas non plus s'y embusquer pour surprendre le navire du jeune prince, quand même il eût fait voile pour Polis, car Dascalion est à une distance de dix kilomètres ouest-nord-ouest de ce port et seulement à trois kilomètres de Céphalonie. Il est impossible que Télémaque, venant de Pylos (aujourd'hui Navarin), ait remonté le détroit entre Ithaque et Céphalonie autrement qu'avec un vent sud, sud-sud-est ou sud-sud-ouest, car l'art de la navigation était alors encore dans l'enfance et on ne savait pas louvoyer.

Or les mêmes vents, avec lesquels Télémaque pouvait arriver à Polis, étaient justement contraires aux prétendants, qui n'auraient pu venir à sa rencontre avant son arrivée qu'avec un vent ouest, nord-ouest ou nord-ouest-nord. En outre Homère dit qu'Astéris est située « μεσσηγύς » (*au milieu*) du détroit entre Ithaque et Céphalonie, ce qui est en désaccord avec les distances ci-dessus indiquées de Dascalion. Mais, dans l'espoir de trouver encore d'autres preuves contre l'identité d'Astéris avec Dascalion, je résolus de visiter cette dernière île moi-même.

Je me dépêchai donc d'arriver à Leuce (Λεύκη) où je fus accueilli de nouveau avec un vif enthousiasme, et on m'offrit à l'envi l'hospitalité. Quoique je manifestasse le désir de partir de suite pour Dascalion, on ne voulut pas me laisser aller avant que j'eusse raconté de mes voyages et lu et traduit une centaine de vers de l'Odyssée.

Il était deux heures de l'après-midi lorsqu'enfin on consentit à me laisser partir. On me donna la meilleure barque du village, et à ma demande, combien l'on me prendrait pour la traversée, on répondit qu'on ne voulait rien accepter. Mais, comme je déclarai que dans ce cas je ne prendrais pas la barque, on dit enfin : Πλήρωσε τὶ θέλεις (*paie ce que tu voudras*). Un vent assez fort soufflait de l'ouest, et nous fûmes forcés de louvoyer continuellement, de sorte que nous n'arrivâmes à la petite île qu'à minuit. Mais le temps ne nous parut pas long, car je m'efforçai d'amuser les braves gens qui me conduisaient, et je m'amusai moi-même en les amusant. D'abord je leur lus et je leur traduisis dans leur dialecte la Βατραχομυομαχία (*combat entre les grenouilles et les souris*) (1) d'Homère; ils ne cessaient pas d'en rire à gorge déployée : ensuite je leur racontai de mes voyages autour du globe.

Il faisait un temps magnifique; la pleine lune me

(1) Je vois avec étonnement que tous les ouvrages français traduisent Βατραχομυομαχία par : combat des grenouilles et des *rats*, tandis que le mot ΜΥΣ ne signifie pas autre chose que *souris*.

permettait de reconnaître de loin toutes les montagnes d'Ithaque et de Céphalonie, et d'examiner à mon aise la petite île de Dascalion. Celle-ci n'a que 99 mètres de long et 32 mètres dans sa plus grande largeur; elle consiste en un rocher plat et n'est qu'à deux mètres au-dessus de l'eau.

Selon Homère (*Od.*, IV, 844-845), l'île d'Astéris avait un double port; Dascalion n'a pas même un enfoncement d'un mètre, et, vu la grande profondeur de la mer tout autour, il est inadmissible que de telles modifications aient pu survenir dans la topographie de l'île.

Comme c'est, je le répète, la seule île entre Ithaque et Céphalonie, on croyait déjà dans l'antiquité que c'était l'*Astéris* d'Homère, et elle était par conséquent, appelée *Astéria*. Mais aucun ancien auteur, dont les écrits soient parvenus jusqu'à nous, n'en parle, excepté Strabon, qui écrit (X, 2) : « Entre Ithaque et Céphalonie est la petite île d'Astéria, elle est appelée Astéris par le poëte. Scepsios dit qu'elle n'est pas « restée telle que l'a décrite le poëte quand il dit : Il y « a en elle double port propre pour l'embuscade. « Apollodore dit qu'elle était encore ainsi de son « temps et qu'on y trouve la petite ville d'Alalkoménas, située sur l'isthme même entre les deux ports ».

Mais, comme Strabon n'émet pas son propre jugement sur Astéris, il est évident qu'il n'y est jamais allé.

Apollodore aura fait mention de l'île d'Astéris dans son commentaire sur le catalogue des navires d'Homère ; mais cet ouvrage est perdu ; dans son livre que nous possédons sur les Dieux, il n'est pas question d'Astéris. Cet écrivain vivait dans la seconde moitié du deuxième siècle av. J.-C., et par conséquent cent ans avant Démétrios de Scepsis et Strabon. Si donc réellement Astéris était de son temps assez grande pour qu'une ville d'Alalkoménas se trouvât sur l'isthme entre ses deux ports, cette île n'a pu être réduite en si peu de temps à un rocher insignifiant, sans un grand bouleversement physique dont Démétrios de Scepsis et Strabon auraient eu connaissance.

Toutes les indications géographiques d'Homère sont tellement exactes que je n'ai pas le moindre doute qu'une petite île Astéris à double port n'ait existé de son temps ; mais, pour les importantes raisons que j'ai données, je dois la placer au milieu du détroit, vis-à-vis de l'extrémité sud d'Ithaque. Cette île aura disparu soit par un tremblement de terre, soit par l'invasion de la mer, comme cela a été le cas pour tant d'autres petites îles.

Mes marins attachèrent la barque à une pierre à l'est de l'île, à un endroit où elle était protégée contre le vent, tant par le rivage même que par les hautes montagnes de Céphalonie. Ayant compté être de retour à Leuce vers sept heures du soir, nous n'avions pris avec nous ni pain ni eau, et, tourmentés par la soif et la faim, nous fûmes forcés de passer la nuit sur l'île déserte. Mes marins se couchèrent dans la barque, et moi j'étendis mes membres fatigués sur le rocher, en me faisant d'Homère un oreiller. On ne sent point que la pierre est plus dure qu'un bon lit, quand on est bien fatigué. A peine me fus-je couché que je m'endormis, et je ne m'éveillai que lorsque le soleil me brûla la figure.

Je réveillai les marins ; nous prîmes tous un excellent bain, en faisant deux fois à la nage le tour de l'île, et nous retournâmes ensuite avec un bon vent à Leuce, où nous arrivâmes à huit heures du matin.

On avait vu venir la barque, et on avait songé à mon déjeuner; mais malheureusement c'était un vendredi, ainsi jour de jeûne, et du pain frais, des pommes de terre en robe de chambre, du sel, des raisins et de bon vin, c'était tout ce qu'on pouvait m'offrir ; mais on me le présenta avec tant de bonhomie, de grâce et d'affabilité que ce déjeuner me parut un des meilleurs que j'eusse jamais goûtés.

Le repas fini, on voulait me retenir le reste de la journée ; mais j'expliquai aux braves villageois que je devais visiter le village d'Exoge et puis retourner à Vathy pour partir encore le même soir par le bateau à vapeur pour l'isthme de Corinthe. J'obtins à force de raisons qu'on me laissât partir, et, comme je devais repasser par Leuce en allant à Vathy, nous remîmes nos derniers adieux jusqu'à mon retour.

CHAPITRE IX.

Exoge. — Végétation luxuriante. — Bien-être général. — Académie villageoise. — Études des élèves. — Raison qui, malgré lui, empêche le professeur d'enseigner l'ancien grec. — Conversation en italien avec le maréchal-ferrant, qui présente sa femme Pénélope et ses fils Ulysse et Télémaque. — Congé cordial. — Nouvelle lecture d'Homère à Leuce, et adieux touchants. — Retour à Vathy. — Derniers adieux.

Notre chemin nous conduisit en cercle autour de la vallée de Polis, et puis par une partie du village de Stavros. Après une heure de marche rapide nous arrivâmes à Exoge, qui est au nord de l'île, sur la crête d'une haute colline très-escarpée, à cent mètres au-dessus du niveau de la mer. Ce village, qui a douze cents habitants, est le plus beau et le plus riche de l'île ; il possède une vallée des plus fertiles, qui s'étend sur huit kilomètres de long et quatre de large le long de la mer, et qui contient de très-belles vignes et les plus belles plantations d'orangers, de citronniers et d'amandiers, que j'aie encore vues en Grèce. Cette vallée est très-abondante en sources, tandis qu'Exoge en est entièrement dépourvu, et ainsi toute l'eau nécessaire à la consommation du village est montée de la vallée en cruches sur la tête des femmes ou en barriques à dos d'âne.

La plupart des habitants sont marins; d'autres sont artisans, marchands ou agriculteurs. Il y a dans le village trois églises et un couvent au pied de la montagne.

D'Exoge on jouit d'une vue extrêmement belle, et surtout du côté nord, où l'on voit à ses pieds la splendide vallée couverte d'une végétation luxuriante, puis la magnifique mer de couleur bleu-foncé, dans laquelle on voit, à peu de distance, la belle île de Sainte-Maure, ou Leucadie, avec le fameux rocher, appelé Saut de Sappho.

Il n'y a point d'opulence; mais il y a un bien-être général à Exoge; chacun a sa petite maison, son jardin et sa vigne dont le produit suffit à ses besoins. On ne trouverait pas dans le village un homme possédant 10,000 fr. de capital, mais on n'en trouverait pas non plus un seul qui soit réduit à la mendicité. Comme partout à Ithaque, on se marie très-jeune à Exoge, et, sobre et modeste par habitude, on y semble ignorer que la sobriété et la modestie sont des vertus.

J'arrivai dans le village à midi, à l'heure de la grande chaleur, où on a l'habitude de prendre du repos en Orient. Faute d'auberge, je m'arrêtai à une épicerie. Je croyais avoir été inaperçu jusque-là; mais quelques-uns devaient m'avoir vu; la nouvelle de l'arrivée d'un étranger se répandit comme une traînée de poudre dans le village, et en moins de dix minutes une foule compacte se pressa autour de moi dans le magasin, ou stationna devant la maison. Ayant appris que le but de ma visite à Ithaque était de faire des recherches archéologiques, on m'accueillit avec une grande sympathie et on me prodigua des offres de services désintéressées. Cependant, comme toutes les antiquités qu'on avait à me montrer se réduisaient aux trois églises, dont l'âge ne pouvait remonter à plus d'un siècle, je ne pris pas la peine de les voir.

Mais, ayant appris qu'il y avait une école dans le village, je désirai la visiter ; une foule immense, qui semblait composer toute la population, m'y conduisit. Le maître d'école, du nom de Georgios Lecatsas, me fit les honneurs de l'académie villageoise et s'empressa de rassembler ses élèves, qui étaient au nombre de vingt-cinq, pour me montrer leurs progrès. Il les fit lire ; puis il me montra leurs cahiers d'écriture, et je restai satisfait de leurs études. Le professeur ne leur enseigne que l'écriture et la lecture ; mais c'est déjà beaucoup, vu l'état de complète ignorance du peuple d'Ithaque. Il m'assura qu'il ne serait que trop heureux de leur enseigner l'ancien grec, mais que malheureusement il n'en savait pas lui-même les premiers éléments. Il me prouva par ses questions qu'il avait quelque connaissance superficielle de géographie ; mais certes ce n'était pas assez pour faire un cours de cette science dans l'école.

J'étais encore en conversation avec le maître d'école, lorsque je fus abordé en italien par un ancien matelot natif de Sorrento près de Naples, qui s'est fixé à Exoge il y a vingt ans, s'y est marié avec une fille du pays, et est devenu le maréchal-ferrant de la communauté. Il me fit un récit sommaire de ses voyages au long cours, de ses souffrances et de ses naufrages, dont souvent il n'avait échappé que par miracle, et me présenta ensuite sa femme, dont le nom était Pénélope, et ses deux fils, dont l'aîné s'appelait Ulysse, et le cadet, Télémaque.

Je lui fis mon compliment de ce que, plus fortuné que mille autres, il était devenu sage par le malheur; que, loin des dangers, des tempêtes et des écueils, il avait pris sa paisible retraite dans la situation la plus magnifique et la plus pittoresque de l'île la plus intéressante et la plus célèbre, au milieu du peuple le plus aimable et le plus vertueux, et de ce que, pour comble de bonheur, le ciel lui avait accordé une femme gracieuse, un véritable modèle de toutes les vertus. Je lui exprimai en même temps ma joie de voir son admiration pour les héros de cette glorieuse île, son pays adoptif, admiration qu'il ne pouvait pas mieux prouver qu'en donnant leurs noms à ses enfants. Ce fut la première fois à Ithaque que j'eus occasion de parler une autre langue que le grec.

Je réussis à grand'peine à partir à deux heures et demie de relevée. Toute la population du village m'accompagna jusqu'au pied de la montagne, où chacun vint me serrer la main en me disant : Εἰς καλὴν ἀντάμωσιν (*à un heureux revoir*).

Je me hâtai de retourner à Vathy, mais nouvel arrêt à Leuce, où tout le village m'attendit sous le grand platane et demanda que je restasse chez eux jusqu'au lendemain. Je leur expliquai que je resterais avec une véritable joie si je le pouvais ; mais qu'il était déjà trois heures et demie de l'après-midi ; que j'avais encore quatre heures de chemin jusqu'à Vathy ; que le bateau à vapeur partait à dix heures du soir, et que j'avais encore à faire mes paquets. On consentit enfin à me laisser partir ; mais on insista pour que je lusse encore quelque chose d'Homère. Je leur lus et leur traduisis donc à la hâte les beaux vers du XXIIIe chant, où Pénélope reconnaît son époux par la description qu'il lui fait de leur lit nuptial, qu'il avait fabriqué lui-même de la tige d'un olivier. Ensuite je me séparai de ces braves villageois ; mais notre séparation ne se fit pas sans une vive émotion de part et d'autre : chacun vint me faire ses adieux en me serrant la main, en m'embrassant, et en murmurant : Χαῖρε, φίλε, εἰς καλὴν ἀντάμωσιν (*adieu, ami, à un heureux revoir*).

La même scène se répéta au petit village de Saint-Jean, d'où cependant je réussis à m'échapper sans plus de lecture d'Homère.

Puis j'accélérai ma course autant que les forces du cheval et l'état de la route le permettaient, et à huit heures du soir j'arrivai à Vathy, où je me dépêchai d'empaqueter mes effets.

Mais à peine cette opération commencée, je rencontrai de nouveaux obstacles, car ma chambre fut envahie par toutes les intéressantes et aimables personnes de Vathy, dont j'avais eu le bonheur de faire la connaissance depuis mon arrivée. Parmi elles se trouva le propriétaire des quatre chiens qui avaient failli me dévorer, et naturellement aussi l'ingénieux et aimable meunier Asproiéraca, qui, la nuit de mon arrivée, en suivant avec moi à pied l'âne chargé de mes bagages, m'avait donné, avec une merveilleuse volubilité, le récit sommaire des vingt-quatre chants de l'Odyssée.

Je fis venir quelques litres de vin, je trinquai avec tous à un heureux revoir, et je jetai ensuite mes effets pêle-mêle dans mes malles, avec l'espoir d'y mettre de l'ordre à bord du bateau à vapeur ; le loquace meunier porta mes bagages sur ses vigoureuses épaules jusqu'à une embarcation, ensuite je pris cordialement congé de tout le monde et me rendis à bord du pyroscaphe Ἀθῆναι, qui partit quelques minutes plus tard.

J'étais vivement ému en m'éloignant d'Ithaque, et je l'avais déjà depuis longtemps perdue de vue, que mes yeux restaient encore fixés dans la direction de cette île ; toute ma vie je me rappellerai avec joie les neuf jours heureux que j'ai passés parmi ce brave, charmant et vertueux peuple.

CHAPITRE X.

Arrivée à Patras, Naupacte et Ægium. — Platane colossal. — Arrivée à Galaxidi, Chryso et nouvelle Corinthe. — Ancienne Corinthe. — Amphithéâtre, les fameuses Sept-Colonnes. — Maison taillée dans la pierre. — Quantité immense de vases funéraires. — La fameuse fontaine Pirène. — Acro-Corinthe. — Grandes fouilles des paysans pour retrouver les trésors cachés par les Turcs. — Vue splendide.

Le lendemain, à cinq heures du matin, nous arrivâmes à Patras, dans le Péloponnèse, à l'entrée du golfe de Corinthe, où nous passâmes sur le bateau à vapeur Επτάνησος, qui partit à six heures. Une demi-heure plus tard, le bateau fit échelle à l'ancienne Naupacte, aujourd'hui Lépante, célèbre par le grand combat naval qui fut livré entre les Turcs et les Chrétiens en 1571. Puis nous jetâmes l'ancre à l'ancien Ægium, appelé à présent Bostitsa, nom qui provient sans aucun doute du mot turc بستان, prononcé *Bostan*, ce qui signifie jardin.

Nous nous y arrêtâmes une demi-heure, et j'en profitai pour voir le célèbre platane, qui croît sur le rivage, et dont la tige a 15^{m}30 de circonférence. L'arbre est creux et contient une chambre, qui a fréquemment servi de prison pendant la guerre de l'indépendance; ses branches s'étendent à une distance de cinquante mètres. Ce platane doit avoir un grand âge, et dans tous les cas il est plus vieux que l'invasion des Turcs en Europe.

Ensuite nous fîmes échelle à Galaxidi, et puis à Chryso, charmante petite ville, dans une situation pittoresque, au milieu d'un bosquet d'oliviers, au pied du mont Parnasse, qui s'élève à 2670 mètres au-dessus du niveau de la mer et est couvert de neiges perpétuelles. A une heure et demie de Chryso, est le village de Castri, auprès duquel se trouvent les ruines de l'ancienne Delphes.

Enfin, à six heures du soir, nous arrivâmes à Corinthe, sur l'isthme de Corinthe, d'où j'expédiai à Athènes mes bagages, sauf un sac de voyage.

La ville actuelle ne date que de 1859, époque où un tremblement de terre détruisit de fond en comble la ville qui existait alors et qui était construite sur les ruines de l'ancienne Corinthe. Mais cet emplacement a été abandonné à cause de la mal'aria et des fièvres pestilentielles dont les habitants avaient continuellement à souffrir pendant la saison chaude, et on a fondé la nouvelle ville à sept kilomètres plus au nord-est, dans un endroit où l'isthme est comparativement plat, et où un fort courant d'air entre les deux mers rend l'air salubre.

Je m'arrêtai trois heures sur l'emplacement de l'ancienne Corinthe, pour examiner le peu de ruines qui en restent. On me montra d'abord un amphithéâtre de forme ovale, entièrement taillé dans le rocher, de 97 mètres de long et de 64 mètres de large, avec une entrée souterraine pour les gladiateurs et les bêtes féroces : il est probable que cette construction est postérieure à Pausanias, car il n'en fait pas mention. Je visitai ensuite les fameuses *Sept colonnes doriennes*, qui ont, à ce que l'on prétend, fait partie du temple d'Athénée Chalinitis, décrit par Pausanias. Elles portent l'empreinte d'une très-haute antiquité, et elles paraissent même beaucoup plus anciennes que celles des temples de Pæstum, fondés au septième siècle av. J.-C.

Tout près de ces colonnes se trouve une maison à un étage, entièrement taillée dans la pierre ; on a eu soin d'enlever le rocher à l'entour, en ne laissant au mur qu'une épaisseur de 33 centimètres. La maison reste ainsi isolée, et comme elle ne forme qu'un seul morceau avec le rocher sur lequel elle se trouve, et dans lequel elle a été taillée, elle est sans contredit un des plus curieux monuments de la haute antiquité.

Je vis partout sur l'emplacement de la ville antique des monticules artificiels, et comme Corinthe contenait, selon la description de Pausanias, un nombre immense de temples et d'autres monuments grandioses et splendides, je n'ai pas de doute que des fouilles bien dirigées ne produisissent des découvertes archéologiques très-importantes. Mais malheureusement pour la science on n'en fait pas, car l'argent manque en Grèce. Chose incroyable ! on n'a jusqu'à présent trouvé à Corinthe ou dans les environs aucun reste de l'ordre d'architecture qui porte son nom, et on ne trouve même plus dans la flore de l'isthme la plante d'acanthe, qui en forme le caractère distinctif.

Bien que les paysans de Corinthe ne fouillent que superficiellement le sol dans leurs travaux agricoles, ils trouvent pourtant très-fréquemment des tombeaux avec de beaux vases funéraires en terre cuite; en effet tel est le nombre de ces découvertes, que j'ai pu acheter six magnifiques vases pour 3 fr. 25. Par cela on peut juger des résultats qu'obtiendraient des fouilles entreprises sur une grande échelle avec des moyens suffisants.

Une belle plaine qui s'étend à l'est de l'ancienne ville a probablement été le théâtre des jeux isthmiques, mais il faudrait faire des fouilles pour en acquérir la certitude.

La célèbre fontaine de Pirène, mentionnée par Pindare, Euripide, Strabon, Pausanias et d'autres, existe encore; mais il paraît que trois fontaines portaient ce nom: la grande source sur le rocher d'Acro-Corinthe, les ruisseaux qui sortent du pied de cette montagne, et la grande fontaine sur l'emplacement de l'ancienne ville.

Je montai ensuite à la fameuse forteresse d'Acro-Corinthe, située sur un rocher presque perpendiculaire de six cent vingt-neuf mètres de haut, qui s'élève brusquement dans toute sa grandeur isolée, et ni la formidable forteresse d'Aden, ni même celle de Gibraltar, ne peuvent être comparées à cette citadelle gigantesque, dont Stace écrit (*Théb.*, VII, 106) :

> ... Summas caput Acro-Corinthus in auras
> Tollit, et alterna geminum mare protegit umbra.

« Acro-Corinthe élève sa tête au plus haut des airs, « et son ombre couvre alternativement l'une et l'au« tre mer. »

Tite-Live en dit (XLV, 28) : « Arx in immanem altitudinem edita. » (*La citadelle se dresse à une hauteur immense.*)

Avec une garnison suffisante cette forteresse serait inexpugnable, car il n'y a qu'un seul point d'où elle puisse être attaquée par l'artillerie : c'est un rocher pointu, à quelques centaines de mètres au sud-ouest, d'où elle a été bombardée par Mahomet II.

Un chemin assez bon, mais très-escarpé, conduit en zigzag jusqu'en haut. Le sommet de la montagne, qui n'a pas moins de six kilomètres de circonférence, est entouré d'une muraille de construction vénitienne de 7 à 10 mètres de haut, flanquée d'un grand nombre de tours de défense ; il est tellement inégal qu'il forme plusieurs pentes et plateaux, qui se trouvent de 30 à 100 mètres l'un au-dessus de l'autre.

La partie la plus basse de l'acropole est couverte de maisons et de mosquées turques en ruines. Sur un des plateaux supérieurs se trouve une grande caserne. On y voit une masse de citernes taillées dans le rocher, dont la construction peut remonter à une très-haute antiquité ; mais, malgré toutes mes recherches, je n'ai pu découvrir un seul mur, ni même une partie de mur, antérieure à l'ère chrétienne. Seulement, sur la cime la plus élevée de l'Acro-Corinthe, où selon Strabon (VIII, 6) se trouvait « ναΐδιον Ἀφροδίτης » (*un petit temple de Vénus*), je vis dans les murs d'un fort quelques grandes pierres grossièrement taillées, qui proviennent évidemment d'une construction cyclopéenne de l'âge héroïque.

On prétend que la garnison turque, avant de capituler, a enfoui dans l'acropole quinze caisses remplies de monnaies d'or et d'argent, et les paysans des environs ont fait depuis un an, en quatre endroits, des fouilles profondes pour retrouver ces trésors ; mais jusqu'à présent tous leurs efforts ont été inutiles. Je suis descendu dans les quatre fosses qu'ils ont pratiquées, et dont deux ont une profondeur d'environ 17 mètres, pour examiner la nature du terrain, et j'ai trouvé jusqu'au fond des excavations la terre mêlée d'une grande quantité de morceaux de tuile et de poterie, mais nulle part, dans ces trous, je n'ai pu découvrir aucun vestige d'anciens murs.

Je m'arrêtai plus de trois heures sur le point culminant, pour admirer le splendide panorama qui se déroulait devant mes yeux, et dont aucune imagination ne pourrait se faire une idée. La vue embrasse les parties les plus intéressantes de la Grèce et les lieux témoins d'un grand nombre de ses actions glorieuses. Les points les plus frappants du paysage sont, selon Murray : « Le promontoire Sicyonien, où le golfe de Corinthe tourne au nord-ouest-nord ; le pied du promontoire de Cyrrha, nord-nord-ouest ; le promontoire Anticyrrha (aujourd'hui Aspraspitia) avec son golfe, et au-delà le point le plus élevé du Parnasse au nord ; au nord-nord-est le mont Hélicon, qui porte sur son dos une protubérance semblable à la bosse d'un chameau ; le point le plus élevé du mont Géranée, entre Mégare et Corinthe, au nord-est-nord. L'isthme même s'étend à l'est-nord-est, vers le point le plus haut du mont Cithéron. Au-delà de celui-ci, à l'est, on voit les monts Parnès et Hymette, et entre eux apparaît le Parthénon sur l'acropole d'Athènes. Puis l'île de Salamine à l'est, et Égine au sud-est. Strabon a indiqué avec précision les points les plus remarquables de cette vue, qui s'étend sur les huit États les plus riches de l'ancienne Grèce : l'Achaïe, la Locride, la Phocide, la Béotie, l'Attique, l'Argolide, la Corinthie et la Sicyonie. »

Je contemplai avec un intérêt particulier l'isthme, qui a quatorze kilomètres de long et, près de Corinthe, autant de large ; mais à son extrémité nord sa largeur n'est que de six kilomètres et demi, et c'est dans cet endroit que le golfe de Lutraki, sur l'ouest, est joint par une bonne route au port de Calamaki sur l'est. Un peu plus au sud était le Diolcos, route aplanie, sur laquelle on tirait les petits navires sur des rouleaux à travers l'isthme, d'une mer à l'autre.

Ayant pris avec moi Pausanias, je lus sur le sommet d'Acro-Corinthe sa description de l'ancienne Corinthe, et j'eus de la peine à croire que, dans la plaine, que je voyais à six cent vingt-sept mètres au-dessous de mes pieds, et qui ne présentait que dévastation et désolation, ait pu se trouver jadis une ville immense, puissante et célèbre, l'orgueil de la Grèce et l'entrepôt de son commerce ; une ville dont l'opulence, le faste et le luxe étaient passés en proverbe ; une ville qui a fondé de nombreuses colonies, et, entre autres, la puissante et splendide Syracuse ; une ville enfin qui a résisté pendant longtemps à l'ambition de Rome, et qui ne fut livrée à Mummius que par trahison, en 146 av. J.-C.

Je retournai le soir à la nouvelle Corinthe, où le lieutenant de la petite force militaire eut l'amabilité extrême de me donner une escorte de deux soldats pour m'accompagner jusqu'à Argos.

CHAPITRE XI.

Évasion nocturne. — Escorte. — Voyage sur un mauvais cheval sans selle, ni étriers, ni bride. — Selle substituée par un instrument de torture appelé σαγμάριον. — Ruines de Cléonée. — Fièvres pernicieuses. — Charvati. — Mycènes ; son histoire. — Citadelle d'Agamemnon avec ses immenses murs cyclopéens et sa grande porte avec deux lions en bas-relief. — Trésor d'Agamemnon ; sa grande porte ; ses deux chambres ; les clous de bronze dans les pierres, qui prouvent que tous les murs étaient revêtus de plaques de bronze.

Il n'y a pas d'hôtel dans la nouvelle ville, et je dus passer la nuit sur un banc de bois dans une misérable gargote. Quoique je fusse harassé de fatigue, je ne pus pas fermer l'œil, car les moucherons ne me laissaient pas un instant en repos. J'essayai en vain de m'en débarrasser en me couvrant la figure d'un mouchoir ; ils me piquaient à travers les vêtements. Plein de désespoir, je courus à la porte pour sortir ; mais je la trouvai fermée. Le gargotier était sorti et avait emporté la clef. Au lieu de fenêtres, l'établissement avait des ouvertures quadrangulaires fermées par des barres de fer. Après un long et pénible travail, je réussis à arracher deux de ces barres, et, au risque d'être pris pour un voleur par les patrouilles de nuit, je sautai dans la rue et j'allai me coucher sur le sable au bord de la mer où heureusement il n'y avait pas de moustiques. Je m'endormis à l'instant et j'eus au moins trois heures de bon sommeil.

A quatre heures du matin, je me levai, je nageai une demi-heure dans la mer et je retournai ensuite à la gargote, au grand ébahissement du gargotier, qui était justement occupé à faire l'inventaire de ses effets; car, en voyant les traces de mon évasion nocturne, il avait cru que j'avais décampé en le volant. Tout fut bientôt expliqué, et je n'eus pas besoin de lire Homère à mon hôte pour regagner sa faveur; il resta très-content d'une pièce de deux francs que je lui payai pour les dégâts faits aux barres de fer.

Nous partîmes à cinq heures, les deux soldats et mon guide à pied, et moi monté sur un mauvais cheval, véritable *Rossinante.* Malgré toutes mes recherches je n'avais pu me procurer ni bride, ni selle, ni étriers, car ces objets sont considérés comme articles de luxe et n'existent pas à Corinthe. La bride était remplacée par une corde liée autour du cou du cheval, avec laquelle je ne réussissais qu'avec beaucoup de peine à le diriger. A défaut de selle on avait mis sur le dos de l'animal un σαγμάριον, espèce d'échafaudage quadrangulaire en bois, muni de crocs aux quatre angles. Ces σαγμάρια sont très-commodes pour transporter des fardeaux; mais leurs angles pointus en font de véritables instruments de torture, si on les emploie comme selle. Je fus cependant bien forcé de m'en servir, car là chaleur était accablante, et surtout dans les montagnes, où il n'y avait pas le moindre courant d'air. A un crochet devant moi, à gauche, était suspendu mon sac de voyage, à un autre, à ma droite, un panier contenant les six vases que j'avais achetés du paysan de l'ancienne Corinthe; à des crochets derrière moi étaient attachés, d'un côté une grande bouteille contenant quatre litres de vin et de l'autre un sac avec deux pains pour nous et du fourrage pour le cheval.

Le chemin, qui n'est qu'un sentier, passe par une contrée très-montagneuse, et, après des ascensions et des descentes continuelles, de quatre heures, nous arrivâmes aux ruines de l'ancienne ville de Cléonée, où nous nous assîmes auprès d'une fontaine abondante pour prendre notre déjeuner frugal, qui consistait en pain sec, en eau et en vin. Puis mon guide et mon escorte reposèrent une heure, tandis que je me mis à explorer les ruines de Cléonée. Mais on n'en voit que quelques colonnes et quelques fondations d'anciens édifices. A côté de ces ruines est un marais dont les exhalaisons empestent l'air et produisent des fièvres pernicieuses, dont presque tous les habitants des environs étaient affectés.

Nous arrivâmes à midi et demi au sale et misérable village de Charvati, situé sur une partie de l'emplacement de l'ancienne ville de Mycènes, jadis capitale du royaume d'Agamemnon, et célèbre par ses immenses richesses. Mon guide et les deux soldats, qui avaient fait tout le chemin de Corinthe à pied, étaient tellement fatigués qu'ils ne pouvaient pas me suivre à l'acropole, qui se trouve à trois kilomètres de Charvati. Je leur permis de se reposer dans le village jusqu'à mon retour, d'autant plus que nous avions passé les montagnes et que je n'avais plus rien à craindre des brigands. En outre ils ne connaissaient pas Mycènes, même de nom, n'avaient aucune idée des héros auxquels cette ville est redevable de sa gloire et n'auraient, par conséquent, pu m'être d'aucune utilité ni pour m'indiquer les monuments ni pour stimuler mon enthousiasme pour l'archéologie. Je ne pris donc avec moi qu'un garçon du village qui connaissait la citadelle sous le nom de « κάστρον 'Αγαμέμνονος » (*forteresse d'Agamemnon*) et la grande trésorerie sous celui de « τάφος 'Αγαμέμνονος » (*tombeau d'Agamemnon*).

Mycènes est nommée par Homère une fois « Μυκήνη » (*Il.*, IV, 52), mais autrement toujours « Μυκῆναι ». Vu la vaste étendue de l'acrople, il est probable qu'à une époque antéhomérique, la ville était concentrée dans la citadelle et qu'elle était appelée au singulier « Μυκήνη » (*Mycène*), mais qu'elle fut appelée au pluriel « Μυκῆναι » lorsque plus tard elle s'étendit sur le plateau hors des murs de l'acropole. Comme Homère l'appelle une fois au singulier « Μυκήνη », il semble que l'agrandissement de la ville ait eu lieu à l'époque d'Homère ou peu de temps avant lui, de sorte que de son vivant l'usage de dire Μυκήνη ne s'était pas encore tout à fait perdu. Il l'appelle (*Il.*, VII, 180 et XI, 46) : « πολύχρυσος » (*riche d'or*); (*Il.*, IV, 52) « εὐρυάγυια » (*aux larges rues*) ; (*Il.*, II, 569) « ἐϋκτίμενον πτολίεθρον » (*ville bien bâtie*).

A cause de sa position retirée au pied des montagnes à l'extrémité de la plaine Argienne, elle est décrite (*Od.*, III, 263) comme située : « μυχῷ Ἄργεος ἱπποβότοιο » (*dans un coin de l'Argolide où paissent les chevaux*).

La célébrité de Mycènes n'appartient qu'à l'âge héroïque, car la ville perdit son importance après le retour des Héraclides et l'occupation d'Argos par les Doriens ; mais elle maintenait son indépendance et soutenait la cause nationale contre les Perses : quatre-vingts Mycéniens combattirent et périrent avec le petit corps de Spartiates aux Thermopyles (*Hérodote*, VII, 202), et quatre cents Mycéniens et Tirynthiens prirent part à la bataille de Platée (*Hérodote*, IX, 28). Les Argiens, qui étaient restés neutres, enviaient aux Mycéniens l'honneur d'avoir pris part à ces batailles ; en outre ils craignaient que, vu l'ancienne gloire de leur ville, les Mycéniens ne reprissent l'hégémonie de l'Argolide ; pour ces raisons ils assiégèrent Mycènes, la prirent et la détruisirent en 466 av. J.-C. (*Diod. Sic.*, XI, 65 ; *Strabon*, VIII, 6 ; *Pausanias*, II, 16).

Lorsqu'un demi-siècle plus tard Thucydide visita la ville, il la trouva en ruines. Strabon dit : « Αἱ μὲν οὖν Μυκῆναι νῦν οὐκέτι εἰσίν » (*Mycènes n'existe plus aujourd'hui*) ; mais il ne semble pas qu'il y ait été lui-même, car autrement il aurait fait mention de ses ruines et de son acropole. Quand, presque cinq siècles et demi après Thucydide, Pausanias visita Mycènes, il vit une partie de sa citadelle, la porte avec les deux lions, les trésoreries d'Atrée et de ses fils, les tom-

Th Muller lith | Imp Lemercier et Cie Paris

ACROPOLE DE MYCENES AVEC LA PORTE AUX LIONS

Th. Muller lith

ACROPOLE DE MYCENES AVEC LA PORTE AUX LIONS

beaux d'Atrée, des compagnons d'Agamemnon assassinés par Ægisthe, de Cassandre, d'Agamemnon, du cocher Eurymédon, des fils de Cassandre, d'Électre, d'Ægisthe et de Clytemnestre (*Pausanias*, II, 16).

Comme ces deux derniers tombeaux étaient « ὀλίγον ἀπωτέρω τοῦ τείχους, ἐντὸς δὲ ἀπηξιώθησαν, ἔνθα Ἀγαμέμνων τε αὐτὸς ἔκειτο καὶ οἱ σὺν ἐκείνῳ φονευθέντες » (*un peu éloignés du mur, car ils* (*Ægisthe et Clytemnestre*) *étaient jugés indignes d'être ensevelis dans l'intérieur où reposaient Agamemnon et ceux qui étaient assassinés avec lui*), il faut conclure que Pausanias a vu tous les mausolées dans l'acropole même, et que ceux d'Ægisthe et de Clytemnestre étaient seuls hors de l'enceinte de la citadelle.

De tous ces monuments funéraires, il ne reste à présent aucun vestige ; mais on les retrouverait sans doute en faisant des fouilles. L'acropole est au contraire bien conservée, et, dans tous les cas, elle est encore aujourd'hui en beaucoup meilleur état qu'on ne saurait le penser, d'après l'expression de Pausanias : « λείπεται δὲ ὅμως ἔτι καὶ ἄλλα τοῦ περιβόλου, καὶ ἡ πύλη, λέοντες δὲ ἐφεστήκασιν αὐτῇ » (*il y a cependant encore des restes de la citadelle, et entre autres la porte, au-dessus de laquelle sont des lions*).

En effet, tous les murs d'enceinte de la citadelle existent encore, et, ils ont en beaucoup d'endroits une épaisseur de 5 à 7 mètres, et, selon les accidents du terrain, une hauteur de 5 à 12 mètres. En plusieurs endroits, ces murs sont construits d'immenses blocs de pierre de forme irrégulière, laissant entre eux des lacunes remplies de petites pierres. Mais la plus grande partie est bâtie en pierres polygonales taillées avec art et ajustées ensemble, la partie extérieure étant parfaitement unie pour donner à la maçonnerie une apparence lisse. En quelques endroits, et notamment aux approches de la grande porte, il y a une troisième espèce de mur de pierres presque quadrangulaires de 1m34 à 3m33 de long; de 1 mètre à 1m67 de haut et de 1 mètre à 2 mètres de large.

La citadelle a 333 mètres de long et forme un triangle irrégulier; elle est située sur le sommet d'une colline escarpée, entre deux ruisseaux, au pied de deux montagnes d'une hauteur de 350 mètres. Dans l'intérieur de la forteresse le sol s'élève de tous les côtés vers le centre, en formant des terrasses, appuyées également par des murs cyclopéens. J'y trouvai trois citernes et je descendis dans la plus grande; mais j'en sortis précipitamment, car elle fourmillait de serpents venimeux.

La grande porte, dont j'ai déjà fait mention, est située du côté nord-ouest, et elle se trouve à angle droit avec le mur voisin. On y monte par un passage de 16m67 de long et de 10 mètres de large, formé par ce mur et par un autre mur extérieur parallèle, lequel paraît n'avoir eu d'autre but que la défense du passage. Ladite porte a une hauteur de 3m34, et une largeur de 3m17; elle est formée de deux pierres mises debout, d'un mètre de large, de 2 mètres de profondeur, couvertes d'une troisième, de 5 mètres de long et de 1m33 de profondeur. Sur cette dernière pierre, qui a au milieu 2m24 de haut et qui diminue un peu vers les deux extrémités, est placée une pierre triangulaire de 4 mètres de long, de 3m34 de haut et de 0m67 de profondeur, sur laquelle sont sculptés en bas-relief deux lions, debout sur leurs pattes de derrière, et tenant leurs pattes de devant sur un autel rond, qui se trouve entre eux, et qui est surmonté d'une colonne avec un chapiteau formé de quatre cercles renfermés dans deux chapelets parallèles.

D'après Müller (*Dor.*, II, 6, § 5), cette colonne est le symbole habituel d'Apollon Agyieus, le protecteur des portes.

Nous en trouvons la preuve dans la tragédie d'*Électre* de Sophocle, où la scène se passe devant cette grande porte de l'acropole de Mycènes, et où, dans les vers 1376-1383 (*édition Tauchnitz*), Électre invoque Apollon :

> Ἄναξ Ἄπολλον, ἵλεως αὐτοῖν κλύε,
> Ἐμοῦ τε πρὸς τούτοισιν, ἥ σε πολλὰ δὴ,
> Ἀφ' ὧν ἔχοιμι, λιπαρεῖ προὔστην χερί.
> Νῦν δ', ὦ Λύκει' Ἄπολλον, ἐξ οἵων ἔχω,
> Αἰτῶ, προπιτνῶ, λίσσομαι, γενοῦ πρόφρων
> Ἡμῖν ἀρωγὸς τῶνδε τῶν βουλευμάτων,
> Καὶ δεῖξον ἀνθρώποισιν τἀπιτίμια
> Τῆς δυσσεβείας οἷα δωροῦνται θεοί.

« Roi Apollon, écoute-les avec faveur, ainsi que « moi, qui t'ai souvent adressé de mes mains sup« pliantes des offrandes de ce que j'avais. Maintenant, « Apollon Lycien, je t'offre tout ce que j'ai, je te

« supplie, je me prosterne devant toi, je t'en conjure, « assiste-nous dans cette entreprise, et montre aux « hommes quelle punition les Dieux réservent à l'im- « piété. »

Les susdits bas-reliefs des lions sont exécutés avec beaucoup de grâce et de finesse; et, comme ils sont les seules et uniques reliques de l'art plastique de l'âge héroïque en Grèce, ils sont d'un intérêt immense pour l'archéologie.

Dans le linteau et dans le seuil de la grande porte, on voit distinctement les marques des verrous et des gonds, et dans les grandes pierres du pavé les ornières des roues de chariots.

Il y a du côté nord-est une porte poterne de 2m34 de haut et de 1m66 de large; elle est également formée de trois pierres, mais sans sculpture.

Toute la surface de la terre dans la citadelle est couverte de morceaux de tuiles et de poterie; et, comme j'ai eu occasion de le voir dans une fosse, creusée par un paysan dans un but que je n'ai pu connaître, on trouve de ces débris jusqu'à une profondeur de six mètres. Il n'y a donc pas le moindre doute que toute l'acropole n'ait été dans l'antiquité habitée, et, vu sa position imposante et sa grande étendue, il faut croire qu'elle a contenu les palais de la famille d'Atrée. La tragédie d'Électre montre évidemment que Sophocle a eu la même opinion.

Je me rendis ensuite à la Trésorerie d'Agamemnon, vulgairement appelée « Τάφος Ἀγαμέμνονος » (*Tombeau d'Agamemnon*), qui se trouve à un kilomètre de la citadelle, creusée dans la pente d'une colline, en face d'une profonde ravine. Un passage de 50 mètres de long et de 9 mètres de large, formé par deux murs parallèles de 10 mètres de haut et construits de pierres taillées avec art, de $1^{m}34$ à $1^{m}67$ de long, et de $0^{m}67$ à 1 mètre de large, conduit à la grande porte d'entrée qui a $4^{m}30$ de hauteur, et $2^{m}83$ de largeur à la partie supérieure; mais sa largeur augmente graduellement et est de 3 mètres en bas.

Cette porte est couverte d'un seul bloc de pierre magnifiquement taillé, de 9 mètres de long sur $1^{m}50$ de haut, au-dessus duquel il y a une ouverture triangulaire de 4 mètres de haut et d'autant de large à la base. La curiosité m'ayant fait escalader cette porte, j'ai trouvé dans l'ouverture triangulaire des indices qui ne me laissent pas de doute que des statues ou de petites colonnes n'y aient été placées. Il y avait autrefois de chaque côté de la grande porte une colonne avec base et chapiteau et enrichie d'élégants ornements sculptés, qui selon Leake (*Morea*, vol. II, page 374), n'avaient aucune ressemblance avec d'autres sculptures de l'ancienne Grèce; mais qui approchaient du style des sculptures de Persépolis.

On voit dans la grande entrée les trous des verrous et des gonds des portes, et sur la même ligne que ces trous une série de petits trous ronds d'environ 5 centimètres de diamètre et d'environ 2 centimètres de profondeur, et au fond de ceux-ci deux tout petits trous, qui ont évidemment contenu des clous de bronze, car dans plusieurs on en voit encore les restes; sans aucun doute ces clous retenaient les ornements de bronze fixés dans les trous ronds.

La Trésorerie contient deux chambres, dont la première, de forme conique, a 16 mètres de diamètre et 16m67 de haut; elle communique par une porte avec une chambre intérieure quadrangulaire, qui n'a que 7m66 de long et de large, et est grossièrement creusée dans le rocher.

Cette dernière était parfaitement obscure, et par malheur je n'avais pas pris d'allumettes avec moi; je dis au garçon qui m'avait accompagné de Charvati d'en aller chercher; mais il m'assura qu'il n'y en avait pas dans tout le village. Étant sûr que même dans les villages du Péloponnèse il y a des allumettes, je lui criai que je donnerais une demi-drachme (environ 0 fr. 40 c.) pour trois allumettes. Ce garçon resta stupéfait et ébahi d'une telle libéralité, et il n'y pouvait pas croire d'abord. A trois reprises il me demanda si réellement je lui payerais cinquante *lepta* s'il cherchait des allumettes : deux fois je lui donnai une simple réponse affirmative, mais la troisième fois je le lui jurai sur les cendres d'Agamemnon et de Clytemnestre. A peine eus-je prononcé ce serment que l'enfant part à toutes jambes pour Charvati, distant de plus de deux kilomètres du trésor d'Agamemnon, et en revient bientôt tenant dans une main un faisceau de broussailles et dans l'autre une dizaine d'allumettes. Je lui demandai pourquoi il avait apporté trois fois plus d'allumettes que je ne lui avais commandé; il me donna d'abord des réponses évasives;

Th Muller lith

Imp Lemercier et Cie Paris

TRESOR D'AGAMEMNON

mais, pressé de questions, il avoua enfin qu'il avait eu peur que quelques-unes des allumettes ne fussent mauvaises et qu'il en avait apporté dix au lieu de trois, pour se garantir contre toutes les éventualités, et pour remporter la récompense promise quoi qu'il arrivât. Il alluma aussitôt dans la chambre intérieure un grand feu, dont la lueur effaroucha les milliers de chauves-souris qui y avaient établi leurs habitations et qui firent un bruit aigu en tâchant de s'échapper. Mais, aveuglées par l'éclat de la flamme, elles ne purent trouver la porte, voltigèrent sans cesse d'un côté de l'appartement à l'autre et nous ennuyèrent beaucoup en nous volant dans la figure et en s'accrochant à nos habits.

Cette scène me rappela vivement les beaux vers d'Homère (*Od.*, XXIV, 6-10), où Mercure conduit les âmes des prétendants de Pénélope dans l'Enfer, et elles le suivent en bruissant :

Ὡς δ' ὅτε νυκτερίδες μυχῷ ἄντρου θεσπεσίοιο
Τρίζουσαι ποτέονται, ἐπεὶ κέ τις ἀποπέσῃσιν
Ὁρμαθοῦ ἐκ πέτρης, ἀνά τ' ἀλλήλῃσιν ἔχονται·
Ὣς αἱ τετριγυῖαι ἅμ' ἤϊσαν· ἦρχε δ' ἄρα σφιν
Ἑρμείας ἀκάκητα κατ' εὐρώεντα κέλευθα.

« Comme au fond d'un antre divin les chauves-
« souris voltigent en faisant un bruit aigu, lorsque
« l'une d'elles tombe de la roche où toutes ensemble
« elles sont attachées : ainsi les âmes marchaient en
« bruissant. A leur tête était Mercure le bienfaisant,
« qui les entraînait vers les sombres chemins. »

La grande salle, ou le dôme, est construite en pierres taillées avec art, de 33 à 70 centimètres de long et de 30 à 60 centimètres de large, mises l'une sur l'autre sans ciment. Dans chacune de ces pierres, il y a deux petits trous contenant les débris des clous de bronze qui y ont été enfoncés, et on voit même encore des clous entiers dans les pierres de la partie supérieure du dôme. Ces clous ne peuvent avoir servi qu'à attacher une doublure dans tout l'intérieur de l'édifice, car, quand même nous voudrions admettre que ceux d'en bas, jusqu'à une hauteur de 4 mètres, aient servi à suspendre des armures ou d'autres objets, il est complétement inadmissible que ceux qu'on voit dans les pierres du haut du dôme aient pu être employés dans le même but. En outre la construction de cet édifice montre jusque dans ses moindres détails un art et un soin merveilleux. Après avoir défié les ravages du temps pendant trente et un siècles, il est encore à présent dans un état de conservation aussi parfait que s'il eût été récemment bâti; il n'y a donc pas le moindre doute qu'il n'ait été orné de la manière la plus splendide. Ainsi je suis parfaitement sûr que tout l'intérieur de la grande salle a été revêtu de plaques de bronze ou de cuivre polies, d'autant plus que nous voyons, dans plusieurs des anciens auteurs, que les Grecs avaient dans la haute antiquité des maisons ornées de cette manière; car nous ne saurions expliquer autrement les maisons et les chambres d'airain dont les anciens poëtes et historiens font mention.

Par exemple, on lit dans Homère (*Od.*, VII, 84-87) :

Ὥστε γὰρ ἠελίου αἴγλη πέλεν ἠὲ σελήνης,
Δῶμα καθ' ὑψερεφὲς μεγαλήτορος Ἀλκινόοιο,
Χάλκεοι μὲν γὰρ τοῖχοι ἐρηρέδατ' ἔνθα καὶ ἔνθα,
Ἐς μυχὸν ἐξ οὐδοῦ· περὶ δὲ θριγκὸς κυάνοιο.

« Tel brille d'un vif éclat le soleil ou la lune, tel « resplendit le haut palais du magnanime Alcinoüs; « car les murs d'airain s'étendaient du seuil de la « porte jusqu'au fond de l'édifice; leur faîte était « d'acier bleu. »

Et dans Pausanias (II, 23) :

Ἄλλα δέ ἐστιν Ἀργείοις θέας ἄξια· κατάγαιον οἰκοδόμημα, ἐπ' αὐτὸ δὲ ἦν ὁ χαλκοῦς θάλαμος, ὃν Ἀκρίσιός ποτε φρουρὰν τῆς θυγατρὸς ἐποίησεν. Περίλαος δὲ καθεῖλεν αὐτὸν τυραννήσας· τοῦτό τε οὖν τὸ οἰκοδόμημά ἐστι.

« Les habitants d'Argos ont encore d'autres choses « remarquables; un édifice souterrain sur lequel se « trouvait la chambre de cuivre, dont Acrisius fit ja- « dis la prison de sa fille (Danaë); Périlaos la détruisit « sous son règne, mais l'édifice est le même. »

On lit aussi dans Horace (*Odes*, III, 16) :

Inclusam Danaen turris ahenea
Robustæque fores et vigilum canum
Tristes excubiæ munierant satis
Nocturnis ab adulteris.....

« Une tour d'airain, des portes solides et les veilles « sévères des chiens vigilants, étaient pour Danaë pri- « sonnière un assez fort rempart contre les amants « nocturnes,… »

CHAPITRE XII.

Cherté du fer dans l'antiquité. — Deux autres trésoreries. — Sol couvert d'anciens tessons. — Ruines de l'Héræum. — Argos. — L'acropole. — Histoire d'Argos. — Mes vingt-deux guides. — Ruines de l'ancienne ville. — La foustanella. — Vin *retsino*. — Tiryns et ses murs cyclopéens. — Histoire de Tiryns. — Nauplie. — Légende de Palamède. — Preuves que l'art d'écrire n'était pas connu du temps d'Homère. — Forteresse de Palamède. — Les prisonniers.

Il est certain que le fer et l'acier étaient déjà connus du temps d'Homère, parce que ce poëte fait plusieurs fois mention de σίδηρος (*fer*) et de κύανος, qu'on ne peut pas traduire autrement que par *acier* (*Il.*, XXIII, 850-851 ; XI, 24-25; *Od.*, IX, 391-393 ; VII, 87); mais l'un et l'autre métal étaient alors si rares et si coûteux qu'on ne les employait pas encore pour les armes; en effet, toutes les armes, dans Homère, sont de χαλκός (*airain*, ce qui veut dire *bronze* ou *cuivre*).

Nous en trouvons la confirmation dans Pausanias (III, 3, § 6) : « Que dans l'âge héroïque toutes les armes étaient d'airain, Homère nous le témoigne par « ce qu'il dit de la hache de Peisandre et de la « flèche de Mérion. J'en trouve une autre preuve dans

« la lance d'Achille, conservée dans le temple de « Minerve à Phasélis, et dans le sabre de Memnon, « qu'on voit dans le temple d'Esculape, à Nicomédie ; « la pointe et la garniture de la lance, ainsi que le « sabre tout entier, sont d'airain ; nous savons qu'il « en est ainsi. »

Sept siècles même après la guerre de Troie, le fer était encore si cher et si rare que, dans le traité que Porsenna accorda au peuple romain après l'expulsion des rois, se trouva la clause expresse que les Romains n'emploieraient le fer que pour la culture des champs. (Pline, XXXIV, 39.)

Presque à côté de la citadelle, on voit les ruines de deux autres trésoreries de moindres dimensions, mais construites de la même manière que celle que je viens de décrire. De toutes les deux les voûtes ont croulé, mais la plus grande partie des murs est encore en bon état de conservation. En examinant les pierres de ces édifices avec attention, j'y ai pu reconnaître aussi l'existence de clous de bronze, preuve évidente que l'intérieur a également été doublé de plaques de cuivre.

Tout l'emplacement de l'ancienne ville de Mycènes est couvert de débris de tuiles et de poterie, et même sans faire attention ni à l'acropole ni aux trésoreries, et en ne regardant que le sol, on voit qu'une grande ville y a existé.

En retournant à quatre heures de l'après-midi à Charvati, je trouvai mon guide et mon escorte profondément endormis, et je ne réussis à les réveiller qu'en leur aspergeant la figure avec de l'eau. Revenus à eux-mêmes, ces braves gens tâchèrent de me persuader de rester la nuit dans ce village, en disant qu'il était déjà tard, et que nous ne pourrions plus atteindre Argos. Mais je n'avais que médiocrement envie de passer la nuit dans ce village, le plus sale et le plus misérable que j'aie encore vu en Grèce, dans lequel il n'y avait ni source, ni pain, ni fruits, et seulement un peu d'eau de pluie saumâtre, et je donnai donc l'ordre du départ. Mais, comme mes gens firent de nouvelles remontrances, je renvoyai les deux soldats en leur donnant une gratification; j'enjambai ensuite ma *rossinante*, et à force de coups de fouet et d'éperon, je réussis à lui faire prendre une allure presque rapide dans la direction d'Argos. Mon guide, qui était propriétaire du cheval, fut alors forcé de me suivre, et il le fit au pas de course pour me rattraper.

S'il est désagréable de galoper sur un mauvais cheval, même quand il est bien sellé, il est bien plus désagréable encore de galoper sur un misérable animal, qui a sur le dos, au lieu de selle, un échafaudage quadrangulaire en bois sans étriers, et une corde autour du cou au lieu d'une bride dans la bouche; mais l'on s'habitue à toutes les misères, surtout si l'on est très-préoccupé. Le vif désir que j'avais d'examiner le *Héræum*, le célèbre temple de Junon, et d'arriver encore le soir à Argos, me fit oublier que je n'avais pas de selle.

J'arrivai à cinq heures à ce temple, qui a été incendié par accident en 423 av. J.-C. Pausanias (II, 17) nous donne la description du nouveau temple, qui fut érigé à côté de l'ancien.

Les ruines se trouvent sur une colline, dont la plate-forme irrégulière est divisée en trois terrasses, qui s'élèvent l'une au-dessus de l'autre. Il ne reste qu'une substruction massive, cyclopéenne, de l'ancien, et quelques murs de maçonnerie hellénique du nouveau temple.

J'arrivai à six heures et demie du soir à Argos, qui est construit sur les ruines de l'ancienne ville du même nom. La ville moderne n'a que huit mille habitants, mais elle couvre néanmoins une place immense, car les rues sont larges et toutes les maisons sont à un étage et entourées de jardins. C'est une des villes les plus industrieuses, une des plus agricoles et des plus florissantes de la Grèce.

Il n'y a point d'hôtel dans la ville, et, ne voulant pas me risquer de nouveau à passer la nuit dans une gargote, je fus forcé de me coucher, après le souper, dans un champ voisin.

Le lendemain matin, après le déjeuner, que je pris dans une gargote d'Argos, je montai sur l'acropole, située sur un rocher de forme conique de 334 mètres d'élévation. Deux gamins m'offrirent leurs services pour m'y guider, moyennant dix *lepta* (huit centimes chacun).

Cette citadelle était appelée dans l'antiquité du nom pélasgique Larissa, et aussi Aspis, ou bouclier, à cause de sa forme ronde; mais on ne voit dans ses murs que de petits restes de construction cyclopéenne ; il reste même très-peu de la construction hellénique, et la plupart des murs ont été élevés par les Vénitiens ou par les Turcs. A présent la citadelle est abandonnée et tombe en ruines.

La vue d'en haut est magnifique ; on voit toute la plaine d'Argos, Tiryns, Nauplie, Mycènes, le lac Alcyonien, le marais de Lerne, etc.

Pendant une heure je restai sur le point le plus élevé de l'acropole, en contemplant la plaine d'Argos et en repassant dans ma mémoire les principaux événements dont elle a été le théâtre. Là se fixa, en 1856 av. J.-C., Inachus, et, en 1500 av. J.-C., Danaüs, avec des colons de l'Égypte. Là dominèrent Pélops, dont la péninsule a reçu son nom, et ses descendants Atrée et Agamemnon, Adraste, Érysthée et Diomède ; là naquit Hercule, qui tua le lion dans la caverne de Némée et l'hydre dans le marais de Lerne. Déjà, dans la plus haute antiquité, Argos était divisé en plusieurs petits royaumes : Argos, Tiryns, Épidaure, Hermione, Trœzène et Mycènes, qui formèrent ensuite des États indépendants.

Argos, une des plus grandes et des plus puissantes villes de l'ancienne Grèce, était célèbre par l'amour de ses habitants pour les beaux-arts, et surtout pour la musique. Selon Pausanias (II, 19 et 20), la ville avait trente superbes temples, de splendides tombeaux, un stadium, un gymnase et maints autres monuments magnifiques ; mais il n'en reste que très-peu de ruines.

A peine fus-je descendu de la citadelle avec mes deux jeunes guides, qu'une vingtaine d'autres garçons se joignirent à moi, et, quelque peine que je prisse pour me débarrasser de cette cohue, je ne pus pas y réussir. Ainsi escorté, je visitai d'abord les restes des anciennes murailles de la ville, puis l'ancien théâtre, dans lequel je comptai, divisés en trois sections, soixante et onze gradins, taillés dans le rocher, qui forme une courbure naturelle. Ce théâtre a 150 mètres, et l'orchestre 67 mètres de diamètre; on calcule qu'il a pu contenir vingt mille spectateurs.

Près du théâtre sont les ruines de plusieurs temples, dans un desquels j'achetai d'un paysan, pour trois drachmes ou environ 2 fr. 60 c., un petit buste de Jupiter en marbre, qu'il prétendait avoir trouvé en labourant la terre.

Il n'y avait plus d'antiquités à voir, et je retournais donc à la ville, lorsque les vingt garçons, qui m'avaient accompagné malgré moi, demandèrent à grands cris d'être payés, car chacun d'eux prétendait avoir été mon guide. Pour me débarrasser d'eux, je donnai à chacun dix *lepta* (8 centimes, dont ils se contentèrent).

A Argos, comme partout dans le Péloponnèse, presque tout le monde porte le costume grec national, qui consiste pour les riches en deux vestes de velours brodé d'or, et pour les paysans en une ou deux vestes d'étoffe simple; en outre, tous portent la *foustanella* attachée au-dessus du ventre par un châle ou une ceinture, qui contient un ou deux pistolets et un poignard. Le costume des femmes consiste en une étroite veste brodée et une jupe aux couleurs vives : elles portent sur la tête un *fez* rouge turc avec un long gland de soie ou de fils d'or.

La chaleur était accablante ce jour-là, et elle était d'autant plus intolérable qu'il n'y avait pas un souffle de vent. Comme j'étais continuellement au soleil, j'en souffrais beaucoup, et tous mes vêtements étaient trempés de sueur. Une soif ardente me tourmenta toute la journée; j'avalai, sans réussir à l'éteindre, une quantité d'eau mêlée de vin, qui me suffirait pour une semaine dans les conditions normales. Comme partout en Grèce, le vin est excellent à Argos, et surtout le vin blanc, appelé *retsino*, auquel une espèce de résine qu'on y mêle donne un goût très-amer.

Vers les deux heures de l'après-midi, je pris place dans une voiture publique, qui allait à Nauplie, et je descendis en chemin, à sept kilomètres d'Argos et à trois kilomètres et demi de Nauplie, à la citadelle de Tiryns, située sur le plateau d'une petite colline et entourée de murailles d'une hauteur de 8 à 12 mètres et d'une épaisseur de 8 à 9 mètres. Ces murailles sont construites de grandes pierres grossièrement taillées de 2 à 4 mètres de long, de $1^{m}33$ de large et d'autant de haut. Pausanias nous dit que le héros Tiryns, dont la ville a reçu son nom, était fils d'Argus, fils de Jupiter; qu'il ne reste rien des ruines que le mur, qui est construit de pierres immenses, et qui a été bâti par les Cyclopes et que la grandeur de ces pierres est telle qu'un attelage de deux mulets n'en pourrait remuer la plus petite. Il ajoute que les interstices entre les grandes pierres sont remplis par de petites pierres. (*Pausanias*, II, 25.)

Naturellement Pausanias entend par le mot *mur* (τεῖχος) le grand mur de la citadelle, car il ne reste plus aucune trace des murs de la ville, et, si ceux-ci eussent existé du temps de Pausanias, ils existeraient probablement encore à présent, aussi bien conservés que ceux de la citadelle.

Ceux-ci ont été regardés comme une merveille dans toute l'antiquité ; et Pausanias (II, 16 ; VII, 25) et Strabon (VIII, 6), confirment que ces murs ont été bâtis par les Cyclopes pour le roi Proïtos. Pindare (*fragmenta ad Boeck*) parle aussi des « Κυκλώπια πρόθυρα Τίρυνθος » et Pausanias dit même (IX, 36) que les murs de Tiryns ne sont pas moins merveilleux que les pyramides d'Égypte. Dans tous les cas leur fondation remonte aux plus anciennes légendes mythiques de la Grèce ; et la tradition dit que Proïtos céda Tiryns à Persée, qui le laissa à Électryon, dont la fille Alcmène, mère d'Hercule, épousa Amphitryon, qui fut expulsé par Sthénélée, roi d'Argos. Hercule fit ensuite la conquête de Tiryns, où il résida longtemps, et en conséquence il est fréquemment appelé le Tirynthien. (Pindare, *Ol.*, XI, 40 ; Ovid. *Mét.*, VII, 410 ; Virgile, *Ænéide*, VII, 662.)

La ville resta au pouvoir des Achéens même après le retour des Héraclides, et après la conquête du Péloponnèse par les Doriens. Hérodote raconte (VI, 81-83) qu'après la défaite totale des Argiens par

Th. Muller lith.   Imp. Lemercier et Cie Paris

ACROPOLE DE TIRYNS

Cléomène, leur ville (Argos) manqua d'hommes, de sorte que les esclaves usurpèrent la domination; mais que, lorsque les fils des habitants tués eurent grandi, ils expulsèrent les esclaves, qui firent alors la conquête de Tiryns et s'y maintinrent.

Comme je l'ai déjà dit en parlant de Mycènes, quatre cents Mycéniens et Tirynthiens prirent part à la bataille de Platée (*Hérodote*, IX, 28). Enfin Tiryns fut détruit par les Argiens en 466 avant Jésus-Christ. (*Strabon*, VIII, 6.)

Dans l'intérieur de la citadelle, il y a deux plateaux séparés par un mur de construction cyclopéenne, dont l'un est de quatre mètres plus élevé que l'autre. Le plateau supérieur a 135 mètres de long et de 70 à 80 mètres de large; le plateau inférieur n'a que 115 mètres de long et 40 mètres de large. Sur le plateau supérieur on voit beaucoup de terrasses soutenues par des murs cyclopéens.

Dans les murailles sud et est, il y a des galeries couvertes, d'une construction singulière. Dans la muraille est il y a deux corridors parallèles, dont l'un a six niches dans le mur extérieur. Dans la muraille sud il y a une galerie de quatre mètres de large, au milieu de laquelle existe un immense poteau de porte, muni d'un grand trou pour le verrou, ce qui démontre qu'on pouvait fermer le passage à l'occasion. Sans doute ces galeries ont servi à entretenir des communications entre deux tours ou places d'armes, qui se trouvaient aux deux extrémités.

Homère appelle Tiryns (*Il.*, II, 559) : Τίρυνς τειχό-

« εσσα (*Tirynns entourée de murailles*), » et comme il n'emploie le mot « τειχόεσσα » pour aucune autre ville, il a sans doute voulu dire que les murailles de Tiryns étaient les murailles par excellence.

Il y a assez de place pour une ville sur le côté sud-ouest de la citadelle, et, en effet, le sol y est couvert de débris de tuiles et de poterie, ce qui ne laisse pas de doute qu'une ville n'y ait existé; mais il paraît impossible que cette ville ait eu des murs cyclopéens, car autrement nous devrions en voir encore les ruines. Mais, comme je n'ai pas même pu trouver, dans les environs, une seule pierre qu'on puisse attribuer à une construction cyclopéenne, je suppose que, du temps d'Homère, toute la ville, ou au moins la plus grande partie, se trouvait dans l'acropole même, et que la ville hors de l'acropole était de construction postérieure. Le mot τειχόεσσα, employé par Homère, doit donc dans mon opinion s'appliquer exclusivement aux énormes murailles cyclopéennes de la citadelle de Tiryns.

Je continuai mon chemin, seul et à pied dans la direction de Nauplie, appelée en grec Ναυπλία et en italien *Napoli di Romagna*, et j'arrivai en une heure devant la porte de la ville, qui est jusqu'à présent surmontée par le lion de Saint-Marc. En me rendant à l'hôtel, je passai dans les rues devant plusieurs fontaines, portant des inscriptions turques, qui indiquent qu'elles ont été établies dans le douzième siècle de l'hégire.

Le bateau à vapeur venait justement de partir pour

le Pirée, et il me fallait attendre une semaine le départ suivant.

Nauplie fut fondée par Ναύπλιος, fils de Neptune et d'Amymone (*Strabon*, VIII, 6, et *Pausanias*, II, 38). D'après la tradition, Palamède, fils de Nauplios, était allé à Ithaque pour découvrir la ruse d'Ulysse, qui, pour échapper à l'expédition de Troie, contrefaisait l'insensé. Voyant ce héros labourer le sable de la mer avec une charrue attelée d'un cheval et d'un bœuf et semer du sel dans les sillons, Palamède prit le petit Télémaque, nouvellement né, des bras de Pénélope, et le mit devant la charrue; Ulysse ayant alors détourné le soc pour ne pas écraser son enfant, Palamède reconnut par cela même sa ruse et le força à suivre l'expédition de Troie. Ulysse, pour se venger, contrefit la signature de Palamède, écrivit sous son nom des lettres à Priam, dans lesquelles il trahissait les Grecs, et manœuvra de manière que la correspondance tombât dans les mains des Grecs, qui condamnèrent Palamède à mort et le lapidèrent. Mais Strabon (VIII, 6) déclare que cette légende est une fable, et dit que, si le récit avait été vrai, Homère n'aurait certainement pas omis de parler d'un homme comme Palamède qui, après avoir fait preuve de tant de sagesse et de pénétration, avait été injustement assassiné.

Nous pourrions ajouter que, pour deux autres importantes raisons, ce récit doit être une fable. D'abord il n'y a nulle part à Ithaque un rivage sablonneux, toute la côte de l'île étant garnie de rochers, qui descendent brusquement dans l'eau et ne permettent pas que du sable puisse s'y accumuler. En second lieu il paraît presque certain que l'art d'écrire n'était pas inventé du temps de la guerre de Troie, car on n'a encore jamais trouvé une inscription de l'âge héroïque; et même dans Homère, qui est supposé avoir vécu deux siècles après cette guerre, le mot γράφειν ne signifiait pas encore écrire, mais érafler, égratigner, inciser. Par exemple (*Il.*, VI, 167-170):

Κτεῖναι μέν ῥ' ἀλέεινε, σεβάσσατο γὰρ τόγε θυμῷ,
Πέμπε δέ μιν Λυκίηνδε, πόρεν δ' ὅγε σήματα λυγρὰ
Γράψας ἐν πίνακι πτυκτῷ θυμοφθόρα πολλά
Δεῖξαι δ' ἠνώγειν ᾧ πενθερῷ, ὄφρ' ἀπόλοιτο.

« Il s'abstint de le tuer, car une crainte religieuse « l'arrêta; mais il l'envoya en Lycie et lui donna des « signes funestes, incisant dans une tablette pliée « beaucoup de caractères de mort, et lui commanda, « pour le faire périr, de la montrer à son beau-« père. »

Apollodore (II, 3) qui raconte aussi l'histoire dont il est question dans ces vers, a, sans aucun doute, compris qu'Homère entendait par σήματα des lettres écrites, et par γράφειν, écrire, car il dit : « Ἔδωκεν ἐπι-« στολὰς αὐτῷ πρὸς Ἰοβάτην κομίσειν ἐν αἷς ἐνεγέγραπτο Βελ-« λεροφόντην ἀποκτεῖναι. » (*Il lui donna pour Iobate des lettres dans lesquelles était écrit de tuer Bellérophon.*)

Mais Apollodore se trompe, car, dans les poëmes

homériques, il n'y a nulle part le moindre indice de l'usage de l'écriture, et ainsi on ne peut pas admettre que les héros homériques aient connu cet art.

Mais, grâce à ladite fable de Palamède, le haut rocher escarpé et isolé devant Nauplie est appelé jusqu'à nos jours Palamède. Sur le sommet de ce rocher, qui s'élève à 240 mètres au-dessus du niveau de la mer, est une grande forteresse, construite par les Vénitiens, et inaccessible de tous les côtés, excepté par un point à l'est, où le rocher est joint à une chaîne de collines rocheuses. A cause de sa position, qui paraît imprenable, elle est appelée le Gibraltar de la Grèce. Elle n'a été conquise par les Grecs sur les Turcs qu'après un long siége, et lorsque presque toute la garnison était déjà morte de faim. Les fortifications sont massives, mais très-mal conservées, et la garnison est réduite à une trentaine de soldats.

Sur un permis de l'état-major de Nauplie, on me montra cette citadelle dans tous ses détails, et on m'introduisit aussi dans la cour des prisons, où on a fait construire plusieurs cloisons pour y laisser les prisonniers prendre l'air, une fois par jour, chacun à son tour.

Il était cinq heures de l'après-midi, et tous les prisonniers avaient déjà fait leur promenade, à l'exception de cinq, que je vis encore marcher dans une des cloisons; mais leur marche était pénible à cause de grosses chaînes qu'ils portaient aux pieds. Leur aspect farouche frappa mon attention, et je m'approchai de la cloison, pour les regarder de plus près. Les cinq hommes vinrent aussitôt à ma rencontre, et, après m'avoir fait de profondes révérences, me demandèrent si je n'avais pas un livre ou au moins un journal grec à leur donner. J'avais par hasard sur moi un volume des poésies d'Alexandre Soutzos, dont je m'empressai de leur faire cadeau, en leur recommandant d'apprendre tout le livre par cœur. Ils reçurent le volume avec l'expression de la plus vive joie; mais, étonné de voir qu'ils tenaient le livre à l'envers, je commençai à douter de leurs connaissances littéraires, et je leur demandai s'ils savaient lire. — Οὐδὲ γράμμα (*pas une lettre*), — fut la réponse. — Mais que voulez-vous alors faire de ce livre? leur dis-je. — Nous voulons apprendre à lire, me répondirent-ils.

Bien que je ne comprisse guère comment ils s'y prendraient pour étudier la lecture dans un livre imprimé, dont ils ne connaissaient pas une lettre, je ne voulus pas leur faire de questions sur ce sujet, de peur qu'ils ne crussent que je voulais leur reprendre le volume, et je tournai la conversation sur un autre objet en leur demandant pourquoi ils étaient en prison.

— D'abord nous vous jurons, répondirent-ils, que nous sommes ici contre notre volonté, et puis que nous sommes parfaitement innocents, car nous sommes de paisibles bergers, et nous n'avons jamais fait tort à personne.— Mais on n'emprisonne pas les honnêtes gens, leur dis-je; vous devez donc avoir gravement offensé la société, pour qu'elle tire une si terrible vengeance de vous. — C'est qu'on s'est mépris sur notre compte, dirent-ils; on a cru que nous exercions le brigandage dans les montagnes, tandis que nous ne faisions que paître nos troupeaux.

Peu crédule à leurs protestations qu'ils avaient toujours mené une vie exemplaire, je m'éloignai d'eux en leur recommandant de bien étudier le livre, lorsque l'officier qui m'avait conduit me dit que ces cinq hommes étaient de fameux brigands, qu'ils étaient coupables d'un grand nombre de meurtres, qu'ils étaient tous condamnés à mort et qu'ils devaient être exécutés dans quelques jours.

CHAPITRE XIII.

Acro-Nauplie. — Marais de Lerne. — L'hydre de Lerne. — Tortues et serpents. — Départ de Nauplie. — Hydra. — Les charmantes Hydriotes. — Sphæria et sa population albanaise. — Aimable société grecque. — Égine. — Son ancienne gloire. — Ses ruines. — Difficulté d'expliquer l'abondance des anciennes monnaies. — Climat d'Égine. — Arrivée au Pirée et à Athènes.

Dans la ville même il y a une seconde forteresse appelée *Acro-Nauplie;* mais elle est tout à fait insignifiante.

Nauplie est une des plus anciennes villes de la Grèce; mais elle était inhabitée et probablement en ruines, lorsque Pausanias la visita.

Je traversai en barque le golfe de Nauplie, et je débarquai de l'autre côté, dans un endroit appelé Οἱ μύλοι (les moulins), pour visiter le fameux marais de Lerne. Ce dernier était habité jadis, selon la légende, par l'Hydre, fille de Typhon et d'Échidna : elle avait (selon Diodore), cent têtes, et sept seulement selon d'autres anciens auteurs; celle du milieu était immortelle. Lorsque Hercule eut reçu d'Eurysthée l'ordre de la tuer, il la chassa de son gîte par ses flèches, la saisit avec les mains et commença à lui couper les têtes. Mais à la place de chaque tête coupée renaissaient aussitôt deux autres; en outre, Junon envoya au secours de l'Hydre un cancre, qui blessa Hercule aux pieds. Celui-ci tua le cancre, et commanda à Iolas d'incendier une forêt voisine; tous les deux touchèrent alors la place de chaque tête coupée avec des tisons ardents et brûlèrent ainsi les blessures, de sorte qu'une nouvelle tête ne pouvait pas se produire. Ainsi Hercule parvint enfin à couper toutes les têtes, excepté la tête immortelle, qu'il enfouit dans la terre et couvrit de blocs de rochers. Alors il trempa ses flèches dans le sang venimeux du monstre, pour pouvoir produire des blessures incurables et mortelles.

Le marais de Lerne, appelé en grec « ἡ λίμνη τῆς Λέρνης », est un tout petit lac, qui se trouve à 400 mètres du rivage, au milieu d'un marais d'environ trois kilomètres de tour. Le petit lac est de forme ronde et n'a que 10 mètres de diamètre. Comme on n'en a encore jamais pu trouver le fond, même avec les sondes les plus longues, il a dans le pays la réputation d'être sans fond. De ce lac sort une petite rivière, qui se divise en plusieurs bras, et se jette dans la mer. Son eau n'a que seize degrés de chaleur et paraît donc très-froide, eu égard à la chaleur de l'atmosphère; elle est très-transparente et fourmille de tortues; il n'y a point de poissons, peut-être à cause des tortues qui en mangent les œufs. Tout le marais est couvert d'une végétation luxuriante d'arbres, d'arbustes et d'herbes, et fourmille de serpents venimeux, de sorte qu'on ne peut pas y pénétrer sans danger. Je me fis conduire dans un petit canot par tous les bras du petit fleuve.

Tout près de ce marais, la rivière Érasinos sort du mont Chaon, et se jette dans le golfe en faisant tourner de nombreux moulins. La caverne d'où elle sort présente à son entrée la forme d'une ogive gothique, et s'enfonce bien de 65 mètres dans la montagne. On prétend que c'est le fleuve Stymphale, qui disparaît sous le mont Apélauron en Arcadie.

Je partis de Nauplie le 28 juillet, à une heure du matin, par le bateau à vapeur *Ionia*, et nous arrivâmes à sept heures à Hydra, où nous nous arrêtâmes pour débarquer des passagers et pour en prendre d'autres. Hydra est une ville située dans la petite île du même nom, formée d'un rocher d'une stérilité telle qu'il n'y a pas une herbe sur toute l'île. Le petit port, au-dessus duquel les maisons de la ville sont perchées sur le rocher escarpé, n'est protégé que par les montagnes de la côte du Péloponnèse, distante de huit kilomètres. Les rues sont très-inégales à cause des accidents de terrain, mais remarquables par leur propreté. Le quai est flanqué de nombreux magasins, qui attestent le grand commerce de la ville. Toutes les maisons ont des toits plats et des murs d'une épaisseur telle, qu'elles semblent être à l'épreuve des tremblements de terre. Elles portent le cachet d'une grande propreté, et l'intérieur ne dément point l'apparence extérieure; car, grâce aux habitudes des belles, gracieuses, charmantes et laborieuses dames hydriotes, leur ménage présente l'aspect d'une propreté qui éblouit l'œil. Les meubles, moitié dans le style oriental et moitié dans le goût européen, joignent le luxe de l'un à la commodité de l'autre, tandis que leur solidité et leur manque d'ornements prouvent qu'ils ont été faits pour le confort et non pour l'ostentation.

Les Hydriotes ont la réputation d'une grande honnêteté et d'un grand désintéressement, et ils ont rendu leur petite île célèbre par la part glorieuse qu'ils ont prise à la régénération de la Grèce. En effet, le nom des braves Hydriotes vivra jusqu'à la dernière postérité comme l'emblème de l'amour de la liberté. Dans la révolution de Grèce, les héroïques Conduriotti, Miaulis, Boudouri et Tombazi étaient tous natifs d'Hydra.

Cette île n'a pas été habitée dans l'antiquité. Seulement, dans le dernier siècle, quelques pêcheurs et paysans, fuyant l'oppression turque sur le continent voisin, bâtirent ici une petite ville, qui grandit bientôt par d'autres réfugiés d'Albanie, d'Attique et d'Argolide. La population, qui était au commencement de la révolution grecque de 40,000 âmes, n'est à présent que de 20,000 environ. Aussi le nombre des navires d'Hydra, qui était alors de cent cinquante, a beaucoup diminué.

Je crois ne pouvoir donner une meilleure preuve de l'honnêteté des Hydriotes et de leur confiance réciproque, qu'en disant que lorsqu'un capitaine de l'île s'apprête à partir pour un long voyage, il va à Hydra de maison en maison et se fait remettre par les habitants des sommes d'argent pour faire des spéculations pour leur compte. Il ne donne pas de reçu de cet argent, et néanmoins il n'y a pas d'exemple qu'il ne l'ait pas restitué à son retour à qui de droit, avec le dividende du gain qu'il a pu faire.

Nous partîmes à neuf heures du matin d'Hydra et nous arrivâmes en deux heures à la petite île de Poros, appelée dans l'antiquité *Sphæria.* C'est un rocher volcanique séparé, au sud, du Péloponnèse par un canal étroit. Du côté nord, Poros est séparé de l'île de Calauria par un détroit, qu'on passe à gué à dos de mulet, pour visiter les ruines du temple de Neptune, où Démosthène est mort.

Poros est célèbre par les conférences que les ambassadeurs de Russie, de France et d'Angleterre y ont tenues en 1828, car sur les rapports communs de ces ambassadeurs les gouvernements alliés établirent les bases de la nouvelle monarchie grecque.

La ville de Poros a une apparence singulière, ses petites maisons blanches étant perchées comme des oiseaux de mer sur les hauts rochers escarpés qui ont une teinte sombre. La population est de 7,000 âmes, de race albanaise. Ces hommes ont l'air stupide; ils sont taciturnes; ils ont les cheveux blonds ou bruns, et on les distingue immédiatement des Grecs vifs, intelligents et aux cheveux noirs.

Les bateaux à vapeur en Grèce sont très-mauvais et extrêmement incommodes; mais ce défaut était toujours mille fois compensé par le charme extrême que je trouvais dans la société de mes compagnons de voyage grecs, de la classe supérieure; car ils étaient au plus haut degré sociables et sympathiques, aimables et prévenants, instruits et intelligents, et ce qui m'enchantait peut-être encore plus que toutes leurs autres qualités, c'est que je rencontrais toujours en eux un vif enthousiasme pour leurs glorieux ancêtres et une grande admiration pour leurs divins poëtes de l'antiquité, enthousiasme et admiration que je ressens moi-même.

Ainsi il m'arrivait toujours que, malgré tous les défauts des bateaux à vapeur grecs et en dépit de leur lenteur extrême, les voyages me paraissaient toujours trop rapides et trop courts, et j'aurais désiré qu'ils fussent cent fois plus longs. Je n'ai malheureusement pas pu prendre note des nombreux, charmants et intelligents passagers à bord du bateau à vapeur *Ionia*, et je ne me rappelle à présent que les noms du célèbre lexicographe et directeur des écoles en Grèce, Sparlatos D. Byzantios, d'Athènes, du directeur du collége à Sparte, Théodore Boukidès, et du directeur du collége à Tripolis en Péloponnèse, Angélos Kappotas, dans la conversation desquels je trouvais un intérêt tout particulier.

Nous partîmes de Poros à midi, et nous arrivâmes à deux heures et demie de l'après-midi à Égine, où je débarquai pour voir le pays. C'est sans contredit une des villes les plus célèbres de la Grèce. Homère fait déjà mention d'Égine (*Il.*, II, 562); Strabon écrit sur Égine : « Qu'ai-je besoin de dire que l'île d'Égine est une des « plus célèbres? car on dit qu'Éaque et sa postérité

« en sont originaires. C'est elle aussi qui dominait « jadis sur la mer, et qui, dans la bataille de Salamine « contre les Perses, disputa aux Athéniens le premier « rang. » (*Strabon*, VIII, page 207, *éd. Tauchnitz.*)

L'île fut peuplée par les Doriens d'Épidaure, et elle avait une flotte très-puissante. Elle devint surtout célèbre par la bataille de Salamine, dans laquelle les Éginètes se distinguèrent par leur bravoure au-dessus de tous les autres peuples grecs. Après avoir été pendant longtemps la rivale d'Athènes, elle succomba à celle-ci en 456 avant Jésus-Christ, et devint province athénienne. Mais Périclès, qui craignait avec juste raison le ressentiment des habitants de l'île, qu'il appelait l'abcès de l'œil du Pirée, expulsa en 431 avant Jésus-Christ toute la population de l'île et la remplaça par des colons athéniens. Les Spartiates établirent alors les Éginètes à Thyréa et leur restituèrent leur île d'Égine à la fin de la guerre du Péloponnèse; mais ils n'ont jamais pu reconquérir leur puissance ni leur prospérité antérieure.

La ville d'Égine est située à l'extrémité nord-ouest de l'île, sur l'emplacement de l'ancienne ville, lequel est marqué par une colonne dorienne solitaire. Au sud de cette colonne on voit les traces d'un ancien port de forme ovale, protégé par deux anciens môles, entre lesquels il n'y a qu'un passage étroit. Un peu plus au sud on découvre les traces d'un autre port de forme ovale, qui a bien deux fois la grandeur du premier. J'ai pu voir les ruines de la muraille de l'ancienne ville du côté opposé à la mer.

Égine était jadis célèbre par le nombre et la splendeur de ses monuments; mais rien n'en reste, excepté la colonne sur le rivage, quelques tombeaux mutilés et quelques vestiges de puits.

Il paraît certain qu'Égine a déjà été dans la haute antiquité très-industrieuse et très-opulente, et qu'elle a eu un grand commerce, car sur tous les points de la Grèce et des îles Ioniennes on trouve de nombreuses monnaies d'Égine, en argent, des septième et huitième siècles avant Jésus-Christ, et ainsi de plusieurs siècles plus anciennes que les plus anciennes monnaies des autres États de la Grèce. Elles forment presque une demi-boule et ont d'un côté une tortue et de l'autre trois ou quatre incisions en forme de pointes de flèche. Celles qui portent quatre incisions sont les plus anciennes.

Je crois à propos de dire à cette place qu'avec notre manière de vivre, nous ne sommes en état de nous faire aucune idée de la manière de vivre des anciens Grécs et Romains. Égine était déjà, aux septième et huitième siècles avant notre ère, très-florissante; mais l'emplacement de son ancienne ville, bien indiqué par les ruines des anciens murs, ne laisse pas place à la supposition qu'elle ait jamais pu avoir plus de vingt mille habitants ou 1/2000e de la population de la France. Le commerce d'Égine était grand, et pourtant il ne peut pas s'être élevé à un cent millième de l'importance du commerce de la France. En outre, l'argent était encore très-rare au septième et au huitième siècle avant Jésus-Christ, car on commença alors seulement à se servir de monnaies. Bien certainement ces monnaies en argent ont, dans tous les temps, été ramassées partout où on les trouvait, et néanmoins on en trouve encore aujourd'hui, après 2600 ans, de grandes quantités.

Supposons à présent que la France soit abandonnée par ses habitants. Je crois qu'alors on ne trouverait pas même dans tout le pays, vingt-six siècles après cet abandon, un sou en cuivre, et, beaucoup moins encore, une monnaie en argent ou en or, malgré les milliards de francs qui ont été ici en circulation depuis des siècles.

Les quantités de monnaies en cuivre, et souvent aussi en argent et en or, qui sont journellement trouvées par les paysans dans la campagne romaine, sont vraiment fabuleuses. En Asie, on peut même indiquer les marches des armées d'Alexandre le Grand et des Romains, et les places de leurs campements, par les nombreuses monnaies qu'elles ont laissées sur leur passage. Et pourtant nous voyons par les anciens auteurs que Mammon avait déjà dans l'antiquité autant d'adorateurs fervents que de notre temps. Comme le dit Virgile (*Æn.*, III, 56) :

> ... Quid non mortalia pectora cogis
> Auri sacra fames ?

« A quoi ne pousses-tu pas les cœurs des mortels, « exécrable *faim* (désir) *de l'or?* »

J'ai entendu dire à Rome que le gaspillage des monnaies dans l'antiquité provenait de ce que les anciens étaient de grands joueurs; mais cette explication n'est aucunement satisfaisante, car chacun jouait pour gagner, et celui qui gagnait empochait naturellement l'enjeu, et il n'y a aucune raison de supposer qu'il ait pu le laisser par terre.

Ainsi, ce fait reste pour moi inexplicable.

Dans l'intérieur de l'île d'Égine, à quatorze kilomètres de la ville, on voit encore les ruines du temple de Jupiter Panhellénios, dont vingt-deux colonnes et la plus grande partie de l'architrave sont conservées. Cet édifice est construit de pierre poreuse couverte de plâtre. Sur la corniche et sur l'architrave, on voit encore des traces de peintures; on découvre aussi quelques traces du plâtre couleur vermillon, dont le pavé était couvert.

Strabon décrit l'île comme pierreuse et peu fertile; mais, depuis son temps, l'industrie des habitants et l'accumulation de la poussière atmosphérique ont rendu le sol très-productif.

Le climat de l'île est excellent, car les hivers sont très-doux, et, par suite de la constante brise rafraîchissante, on n'a jamais à se plaindre de la chaleur excessive pendant l'été.

Le lendemain matin, je louai, moyennant 11 francs, une barque, et je me fis conduire au Pirée, où j'arrivai à dix heures du matin, et une heure plus tard j'étais à Athènes.

Je n'entreprends pas ici de donner la description des antiquités de la capitale de la Grèce, car elles sont déjà trop connues par les ouvrages de plusieurs savants illustres, qui en ont fait des études approfondies. Je me borne donc à dire que, ayant eu le bonheur d'y trouver mon savant ami et ancien maître de langue grecque, Théoclète Bimpos, devenu homme de lettres très-distingué, professeur à l'Université d'Athènes et archimandrite, j'ai joui pendant huit jours de sa conversation instructive.

CHAPITRE XIV.

Départ d'Athènes. — Le célèbre banquier André Pedreño, de Carthagène. — Arrivée à Constantinople et retour aux Dardanelles. — Départ pour Bounarbaschi. — Innombrables nids de cigognes. — Affreuse saleté chez mon hôte l'Albanais. — Nouvelle Rossinante sans selle ni bride. — Plaine de Troie. — Les trente ou quarante sources au lieu de deux. — Le Bounarbaschi-Sou. — Ancien canal. — Marais. — Le Scamandre.

Le 6 août, à une heure du matin, je partis par le bateau à vapeur *le Nil*, des Messageries impériales, du Pirée pour les Dardanelles. Mais, malheureusement, nous y arrivâmes le lendemain à dix heures du soir, et, comme selon le règlement turc on ne peut pas débarquer après le coucher du soleil, il me fallut continuer le voyage par le même bateau jusqu'à Constantinople.

L'ennui de ce voyage, plus long que je ne l'avais prévu, fut heureusement compensé par le plaisir que j'eus de faire la traversée avec le célèbre banquier André Pedreño, de Carthagène, en Espagne, et je me rappellerai toujours avec une véritable joie les heures heureuses que j'ai passées dans sa société agréable et instructive.

Nous arrivâmes à Constantinople le 8 août, à dix heures du matin. J'y laissai mes bagages à l'hôtel d'Angleterre, et je repartis encore le même jour, par le bateau à vapeur *le Simoïs*, pour les Dardanelles, où j'arrivai le lendemain à sept heures du matin. Je m'adressai aussitôt au consul de Russie, M. Fonton, à qui je manifestai mon désir de visiter la plaine de Troie. Il m'assista de ses excellents conseils, et il fit louer pour moi, moyennant 90 piastres (20 francs), un guide et deux chevaux, et je partis immédiatement pour Bounarbaschi, où nous arrivâmes à six heures du soir.

A part quelques exceptions, tout le pays que nous traversâmes est inculte et couvert de pins et de chênes. Ce dernier arbre donne la vallonée, nommée *Quercus-Ægilops*, qu'on emploie dans les tanneries en Europe, et qui forme, pour ainsi dire, l'unique article d'exportation de ces contrées. Le chemin est assez bon, et il y a de distance en distance des sources de bonne eau.

Bounarbaschi, qu'on croit situé sur une partie de l'emplacement de l'ancienne ville de Troie, est un village sale et misérable, contenant vingt-trois maisons, dont quinze sont turques et huit albanaises. Les toits des maisons sont presque plats, et sur chacun d'eux il y a une masse de nids de cigognes; sur plusieurs toits, j'ai même compté jusqu'à douze de ces nids. Ces oiseaux sont ici d'une grande utilité, car ils mangent les reptiles et les grenouilles, dont les marais voisins fourmillent.

Mon guide m'ayant conduit dans la maison d'un Albanais qui parlait un peu le grec, je le payai et je le renvoyai. Mais, à peine fus-je entré dans la maison, que je reconnus l'impossibilité d'y loger; car les murs, la couchette en bois qu'on me destinait, tout enfin fourmillait de punaises, et partout je vis la plus affreuse saleté. En entrant, j'avais demandé un peu de lait; on me l'apporta dans une tasse, qui paraissait ne pas avoir été nettoyée depuis dix ans. Plutôt que d'y toucher, je serais mort de soif.

Je me vis donc forcé de coucher toutes les nuits en plein air, et, moyennant cinq francs par jour, je convins avec l'Albanais qu'il garderait mon sac de voyage et me fournirait chaque matin un pain d'orge. En mangeant ce pain, pensais-je, je ne verrai pas au moins par quelles mains, dans quoi et comment il a été fait.

Cet arrangement pris, je tâchai de trouver pour le lendemain un cheval et un guide qui parlât un peu le grec; j'y réussis à grand'peine, moyennant 45 piastres (10 francs) par jour; mais impossible d'obtenir, soit une bride, soit une selle; on paraissait ne pas connaître ces objets, même de nom, et je dus donc me contenter de nouveau d'une corde liée au cou du cheval et d'un sale et misérable σαγμάριον.

Je confesse que je ne pus pas maîtriser mon émotion en voyant devant moi l'immense plaine de Troie, qui a été l'objet de mes rêves depuis ma première enfance. Seulement, elle me parut tout d'abord trop longue, et Troie beaucoup trop éloignée de la mer, si réellement, comme le prétendent presque tous les archéologues qui ont visité ces lieux, Bounarbaschi est situé dans l'enceinte de l'ancienne ville. Mais, lorsque je regardai le sol et ne vis nulle part la moindre trace ni de tuiles ni de poterie, je commençai à croire qu'on s'était trompé sur l'emplacement de Troie, et mes doutes augmentèrent lorsque je visitai, en compagnie de mon hôte l'Albanais, les *Sources* au pied de la colline, sur laquelle est situé Bounarbaschi. On a toujours cru que ces sources étaient les mêmes que les *deux sources* dont parle Homère (*Il.*, XXII, 147-156) :

Κρουνὼ δ' ἵκανον καλλιῤῥόω, ἔνθα δὲ πηγαὶ
Δοιαὶ ἀναΐσσουσι Σκαμάνδρου δινήεντος.
Ἡ μὲν γάρ θ' ὕδατι λιαρῷ ῥέει, ἀμφὶ δὲ καπνὸς
Γίγνεται ἐξ' αὐτῆς, ὡσεὶ πυρὸς αἰθομένοιο·
Ἡ δ' ἑτέρη θέρεϊ προρέει εἰκυῖα χαλάζῃ,
Ἢ χιόνι ψυχρῇ, ἢ ἐξ ὕδατος κρυστάλλῳ.
Ἔνθα δ' ἐπ' αὐτάων πλυνοὶ εὐρέες ἐγγὺς ἔασιν
Καλοί, λαΐνεοι, ὅθι εἵματα σιγαλόεντα
Πλύνεσκον Τρώων ἄλοχοι, καλαί τε θύγατρες,
Τὸ πρὶν ἐπ' εἰρήνης, πρὶν ἐλθεῖν υἷας Ἀχαιῶν.

« Et ils arrivèrent aux deux fontaines limpides, d'où « jaillissent les deux sources du Scamandre tour- « noyant. De l'une coule de l'eau tiède, et la fumée « s'élève au-dessus comme d'un feu brûlant; l'autre « coule en été semblable à la grêle, ou à la neige froide, « ou à l'eau glacée. Là, à côté, sont de larges et bons

« bassins en pierre, où les femmes des Troyens et leurs « belles filles lavaient les vêtements brillants, jadis, « au temps de la paix, avant que vinssent les fils des « Achéens. »

Mais ces sources ne ressemblent en rien à cette description d'Homère, car, en descendant la colline de Bounarbaschi, on trouve d'abord, sur un espace d'un mètre carré, *trois sources*, dont une sort de terre et les deux autres sortent du pied d'un rocher. A quelques mètres plus loin, je trouvai deux autres sources, et, sur un espace de 500 mètres, je comptai en tout trente-quatre sources. L'Albanais qui m'accompagnait prétendait qu'il y avait quarante sources, et que je m'étais trompé de six : à l'appui de son assertion, il me dit que cet endroit était appelé : *Kirk Giös*, mots qui signifient *les quarante yeux*.

Je tins mon thermomètre de poche dans chacune des trente-quatre sources, et je trouvai à toutes une température de 17 degrés $\frac{1}{2}$.

Pendant les chaleurs de l'été, l'eau à 17 degrés $\frac{1}{2}$ paraît très-fraîche, tandis qu'avec la même température, elle paraît presque tiède pendant les froids en hiver.

Comme toutes ces sources, sauf une, jaillissent l'une auprès de l'autre du pied de deux rochers contigus, il me paraît impossible que leur température ait jamais pu sensiblement varier. En outre, si Homère eût voulu désigner ces sources, il n'aurait certainement pas parlé de *deux* seulement, tandis qu'il y en a trente-quatre ou quarante sur un tout petit espace.

Toutes ces sources forment un ruisseau, appelé *Bounarbaschi-Sou*, dans lequel on a établi des barrages, et qui fait tourner plusieurs moulins. Les rives sont d'abord si basses, qu'il inonde même en été la plaine voisine, et qu'il la convertit, à l'est et au nord des sources, en marais profond.

Ce ruisseau a de 1 à 3 mètres de profondeur et de 3 à 4 mètres de largeur; il coule vers le nord parallèlement à l'ouest du *Mendéré* (*Scamandre*) et à l'est de la chaîne de collines, sur une étendue d'environ 7 kilomètres; et il est ensuite conduit par un canal artificiel, qui commence au nord-est de l'élévation, où est situé le tumulus appelé *Udjek-Tépé*, et qui aboutit à la mer Égée, près de la colline *Béschica-Tépé*.

La construction de ce canal, qui est taillé sur une grande longueur dans le roc, révèle une haute antiquité; car c'est une œuvre dont la construction audacieuse et gigantesque rappelle les murailles de Mycènes et de Tiryns. Ce canal est d'une très-grande utilité, car il préserve une grande partie de la plaine à l'est d'inondations constantes.

Il n'y a pas de doute qu'avant la construction de ce canal, le *Bounarbaschi-Sou* ne se soit jeté dans le Scamandre, près de l'embouchure de celui-ci; car son ancien lit est encore parfaitement indiqué. En effet, il envoie encore à présent, chaque hiver, par cet ancien lit, une grande partie de ses eaux. Mais, les bords de ce lit étant très-bas, les eaux débordent et remplissent un vaste marais près de *Yéni-Kévi* et au nord du canal artificiel. J'ai trouvé ce marais presque sec.

Je crois devoir noter ici deux autres grands marais constants, formés par le *Bounarbaschi-Sou*, dont l'un se trouve immédiatement avant l'écoulement de ce ruisseau dans le canal artificiel; et l'autre, formé par ce canal même, se trouve près de l'embouchure du canal, sur la côte ouest.

En ne parlant que de *deux* sources, et en gardant le silence sur les trente-deux ou trente-huit autres, les visiteurs archéologues affirment que le ruisseau des sources est le *Scamandre*, et croient que le grand fleuve *Mendéré*, qui parcourt la plaine de Troie, est le Simoïs, ce qui est une grave erreur, car le petit ruisseau ne répond à aucun des détails qu'Homère donne sur le Scamandre, comme fleuve principal.

Celui-ci est célébré beaucoup dans l'Iliade : il est représenté comme « ἐΰῤῥοος » *au beau cours*, « δινήεις » *tournoyant* (*Il.*, XXI, 1-2); il avait son prêtre, qui était vénéré par le peuple comme un dieu (V, 77); il est appelé « μέγας ποταμὸς βαθυδίνης » *le grand fleuve tourbillonnant* (XX, 73); on lit de lui dans Homère (XXI, 25-26) :

> Ὣς Τρῶες ποταμοῖο κατὰ δεινοῖο ῥέεθρα
> Πτῶσσον ὑπὸ κρημνούς.

« Ainsi les Troyens se cachent dans les flots sous « les rives escarpées du fleuve terrible. » Il est dit « βαθύῤῥοος, ἀργυροδίνης, » *profond et aux flots argentés*

(XXI, 8). Il était appelé *Xanthos* par les dieux, et il assiste à l'assemblée des dieux dans l'Olympe (XX, 40); il se rend en compagnie des autres dieux au combat de Troie (XX, 73); il est fils de Jupiter (XXI, 2); ses bords sont escarpés et hauts (XXI, 171, 175, 200); il a même l'épithète « ἠϊόεις », mot qui signifie *entouré de rivages montueux*, et n'est employé que pour la mer (V, 36); on lui sacrifiait des chèvres et des taureaux vivants (XXI, 131); il faisait de grandes inondations (XXI, 234-242); ses bords étaient couverts d'ormes, de saules et de tamaris (XXI, 350-351). Enfin, ce qui montre la grande importance de ce fleuve et le culte que les Troyens avaient pour lui, Hector, le plus ferme soutien d'Ilion, se compare au Scamandre, et donne à son fils Ἀστυάναξ le nom de « Σκαμάνδριος », ou *Fils du Scamandre* (VI, 402-403).

Par contre, Homère ne fait mention que sept fois du Simoïs, et toujours sans lui donner une épithète, par exemple : IV, 475; V, 774; 777, VI, 4; XII, 22; XX, 53; XXI, 307.

Il est donc évident qu'Homère appelle *Scamandre* le grand fleuve qui parcourt toute la plaine de Troie.

CHAPITRE XV.

Inscription en caractères inconnus, qui deviennent lisibles si on retourne la pierre. — Exploration autour du prétendu emplacement de Troie. — Cours du Scamandre. — Le Kimar-Sou. — Le Doumbrek-Sou ou Simoïs. — Absence de tout vestige de Troie sur les hauteurs de Bounarbaschi. — Ballidagh. — Ruines d'une petite acropole. — Ancienne carrière.

En plusieurs écrits sur la plaine de Troie, on fait mention d'une inscription en cinq caractères inconnus, qui se trouve sur la colline de Dédé, entre le Scamandre et Bounarbaschi, et on semble attacher une telle importance à cette inscription, qu'on la trouve même en vignette sur la carte de Troie par Spratt. Mon désir d'en voir l'original était tel, que je voulais la visiter le soir même ; mais, à mon retour des sources, il était nuit, et je fus forcé d'attendre jusqu'au lendemain.

Je me couchai le soir sur une petite colline au-delà de Bounarbaschi. A l'aube du jour, je courus chez mon hôte l'Albanais, pour le prier de m'accompagner à l'inscription. — Laisse-moi dormir encore une heure, me répondit-il d'une voix rauque. Mais mon impatience ne souffrait pas de retard. — Je te donne deux francs si tu me montres l'inscription de suite, lui fis-je. Ces paroles exercèrent une influence magique sur mon Albanais ; à l'instant il est prêt. En un quart d'heure, nous arrivons à la colline de Dédé, sur la rive gauche du Scamandre, où mon hôte me montre dans le mur d'enceinte d'un monument, qui ne paraît certainement pas être ancien, une pierre de 67 centimètres de long sur 50 centimètres de large avec l'inscription suivante :

Je regardai la pierre attentivement pendant quelques minutes, et je ne tardai pas à reconnaître qu'elle se trouvait dans le mur en sens inverse, et que l'inscription serait lisible si on la retournait seulement. Je la copiai donc soigneusement, et en la retournant, elle se présenta de cette manière :

Dans cette position la première lettre du côté droit est seule inconnue. En continuant à lire de droite à gauche, je trouve que les trois caractères suivants sont les nombres turcs, arabes et persans 255, et le dernier est composé des deux lettres ک et ه, lesquelles, lues ensemble, signifient « *que* » en turc et en persan. Il ne resterait donc à trouver que la signification du signe ⊣. Je suppose qu'il est seulement mal fait, et qu'on a voulu faire le nombre ٧ (*sept*).

S'il en est ainsi, l'inscription se lirait : « 2557 *que*. » Il ne resterait alors qu'à trouver pourquoi le premier 5 est mis dans une espèce de parenthèse quadrangulaire.

Sans aucun doute, cette pierre a appartenu à un ancien bâtiment ou monument turc, sur lequel il y a eu une inscription plus longue, et les autres pierres, qui portaient le reste de l'inscription, se sont perdues (1).

Je ne puis pas comprendre que les caractères de cette inscription aient jamais pu embarrasser les esprits, et que l'idée ne soit jamais venue à personne que la pierre pouvait être placée à l'envers dans le mur.

Nous retournâmes ensuite à Bounarbaschi, où mon

(1) Mon savant ami Ernest Renan croit que le mot كە est seulement mal écrit, et qu'on a voulu exprimer le mot سنه (année); il croit en outre que le chiffre ٢ n'est pas un 2, mais un 3 ou un 4, et que le signe ⊣ n'a pas de signification. S'il en est ainsi, l'inscription signifierait : « année 355 ou 455 », notamment de l'hégire. Comme 33 années lunaires mahométanes répondent à 32 de nos années, l'inscription daterait de l'année 966 de notre ère, si le chiffre ٢ est un 3, ou de l'année 1063 s'il est un 4.

hôte me remit mon pain; et, mon guide étant prêt avec le cheval, je partis aussitôt pour explorer toute l'étendue de terrain qu'on croit à tort avoir été occupée jadis par Troie. Je croyais ne pouvoir mieux faire que de suivre la même route qu'Achille et Hector auraient dû parcourir en courant trois fois autour de la ville, selon les indications d'Homère (*Il.*, XXII, 143-148 et 157-166).

Si les sources au pied de la colline de Bounarbaschi étaient bien celles dont parle Homère (XXII, 147-155), ce que je ne peux pas admettre, alors le circuit de Troie et le chemin des deux héros seraient faciles à trouver.

Voyons quelles sont les indications d'Homère :

Apollon, sous la forme d'Agénor, avait attiré Achille au bord du Scamandre (XXI, 600-605), qui se trouve à deux kilomètres des deux sources. Hector restait devant les portes Scées (XXII, 5-6) :

> Ἕκτορα δ' αὐτοῦ μεῖναι ὀλοὴ Μοῖρ' ἐπέδησεν,
> Ἰλίου προπάροιθε, πυλάων τε Σκαιάων.

« La Parque funeste enchaîne Hector, et le fait rester là devant Ilion et les portes Scées. »

Achille court du Scamandre vers la ville (XXII, 21-24) :

> Ὣς εἰπών, προτὶ ἄστυ μέγα φρονέων ἐβεβήκει,
> Σευάμενος ὥσθ' ἵππος ἀεθλοφόρος σὺν ὄχεσφιν,
> Ὅς ῥά τε ῥεῖα θέησι τιταινόμενος πεδίοιο.
> Ὣς Ἀχιλλεὺς λαιψηρὰ πόδας καὶ γούνατ' ἐνώμα,

« En disant cela, il s'élance vers la ville, plein d'un « noble orgueil, avec la célérité d'un coursier qui « tire le char dans les jeux et allonge facilement le « pas dans la plaine; ainsi Achille meut rapidement « les pieds et les genoux. »

Il atteint devant les portes Scées Hector qui fuit, saisi d'effroi (XXII, 136-137) :

Ἕκτορα δ', ὡς ἐνόησεν, ἕλε τρόμος· οὐδ' ἄρ' ἔτ' ἔτλη
Αὖθι μένειν, ὀπίσω δὲ πύλας λίπε, βῆ δὲ φοβηθείς.

« Hector, en le voyant, est saisi d'effroi; il n'osa « plus y rester; il laissa les portes derrière lui et s'en- « fuit. »

Hector fuit, poursuivi par Achille; ils passent la colline du Guet et celle du Figuier; en courant toujours sur la route carrossable, le long du mur, et arrivent aux deux sources (XXII, 145-148) :

Οἱ δὲ παρὰ σκοπιὴν καὶ ἐρινεὸν ἠνεμόεντα
Τείχεος αἰὲν ὑπὲκ κατ' ἀμαξιτὸν ἐσσεύοντο·
Κρουνὼ δ' ἵκανον καλλιῤῥόω, ἔνθα δὲ πηγαὶ
Δοιαὶ ἀναΐσσουσι Σκαμάνδρου δινήεντος.

« Ils passèrent en courant sur la route carrossable « la colline du Guet et la colline du Figuier battu des « vents, et ils arrivèrent aux deux fontaines limpides, « d'où jaillissent les deux sources du Scamandre « tournoyant. »

Ils passent les deux sources (XXII, 157) :

Τῇ ῥα παραδραμέτην, φεύγων, ὁ δ' ὄπισθε διώκων.

« Ils les dépassèrent, l'un fuyant, l'autre poursui-
« vant. »

Ils courent ainsi trois fois autour de la ville de Troie (165-166) :

Ὣς τὼ τρὶς Πριάμοιο πόλιν περὶ δινηθήτην
Καρπαλίμοισι πόδεσσι· θεοὶ δέ τε πάντες ὁρῶντο.

« Ainsi ils courent avec leurs pieds rapides trois « fois autour de la ville de Priam ; tous les dieux les « contemplent. »

Plusieurs commentateurs d'Homère prétendent que la préposition « περί » (*autour*), a, à cette place, la signification de « παρά » (*auprès*), et entendent ainsi que la course des deux héros a été trois fois le long de la muraille de Troie, entre les deux sources et le Scamandre. Mais cette interprétation est dans cet endroit inadmissible, car Homère nous représente la course des deux héros au-delà des deux fontaines.

Strabon a aussi compris lesdits vers dans ce sens ; car, en parlant d'*Ilium-Novum*, il écrit (XIII, I, page 109, *éd. Tauchnitz*) : « Οὐδ' ἡ τοῦ Ἕκτορος δὲ περιδρομὴ ἡ περὶ τὴν πόλιν ἔχει τι εὔλογον, οὐ γάρ ἐστι περίδρομος ἡ νῦν, διὰ τὴν συνεχῆ ῥάχιν· ἡ δὲ παλαιὰ ἔχει περιδρομήν. » — « *La course d'Hector autour de la ville* « *n'est pas non plus probable, parce qu'on ne peut* « *pas courir autour, à cause du prolongement mon-* « *tagneux, tandis qu'on pouvait courir autour de l'an-* « *cienne ville.* »

Je me rendis d'abord au Scamandre, au fleuve principal, d'où j'allai, le long du pied de la colline de Bounarbaschi, en ligne droite, jusqu'aux sources, en suivant ainsi le même chemin, vers l'ouest, qu'Achille a nécessairement dû parcourir pour trouver Hector devant les portes Scées. Arrivé aux sources, je tournai au sud-est, en suivant l'espèce de ravine entre la colline de Bounarbaschi et le rocher contigu; car, si Troie a jamais existé sur ces hauteurs, la position de ses murs semble être exactement indiquée par la localité.

Après une marche très-pénible d'une heure, j'arrivai, du côté sud-ouest de la colline, sur laquelle on croit avoir retrouvé Pergame, à une pente rapide, d'environ 150 mètres de haut, que les deux héros ont été obligés de descendre pour parvenir au Scamandre et pour faire le tour de la ville. Je laissai mon guide avec le cheval en haut et j'allai en bas du précipice, qui descend d'abord sous un angle d'environ 45 degrés, et puis sous un angle d'environ 65 degrés, de sorte que je fus obligé de marcher à reculons et à quatre pattes. Il me fallut presque un quart d'heure pour arriver en bas, et j'ai remporté de cette descente la conviction qu'aucun mortel, ni même une chèvre, n'a jamais pu courir au pas de course en bas d'une pente qui descend sous un angle de 65 degrés, et qu'Homère, si exact dans sa topographie, n'a pas pu vouloir nous faire croire qu'Hector et Achille aient jamais fait trois fois à la course cette descente impossible, en faisant le tour de la ville.

Je marchai ensuite le long du bord du Scamandre, appelé *Mendéré*, comme je l'ai dit plus haut, en suivant toujours le même chemin que les deux héros auraient dû parcourir trois fois.

Les hauteurs de Bounarbaschi, sur lesquelles on place l'ancienne Troie, descendent presque à pic dans le fleuve, et sa rive gauche a si peu de largeur, qu'un sentier très-étroit l'occupe souvent tout entière. La largeur du lit du fleuve est, selon les localités, de 70 à 100 mètres; il a en août un faible courant de 10 à 16 mètres de large et de 30 à 80 centimètres de profondeur; mais ses bords escarpés de 3 à 4 mètres de haut et les nombreux arbres déracinés, qu'on voit çà et là arrêtés aux sinuosités de ses rives ou aux îlots formés dans le lit fluvial même, attestent la grande violence de son cours en hiver et au printemps, et la fréquence de ses inondations.

Le Scamandre descend de l'Ida, comme le remarque justement Homère (*Il.*, XII, 19-22); son cours est très-tortueux, mais en ligne directe il serait de 64 kilomètres.

Il traverse d'abord une grande plaine dans l'intérieur, puis il se fait jour par une vallée étroite à travers les montagnes basses de l'Ida, et parcourt ensuite la plaine de Troie; il a un courant constant par suite des nombreux ruisseaux et sources qui sont ses tributaires.

Le Scamandre coulait jadis plus à l'est dans la plaine, et se joignait au Simoïs, appelé à présent *Doumbrek-Sou,* à 1,700 mètres au nord-ouest d'Hissarlik (*Ilium-Novum*). Son ancien lit et sa jonction avec l'autre fleuve est encore très-visible. Pendant l'hiver ce lit sert à faire écouler l'excès de ses eaux.

A son entrée dans la plaine de Troie le Scamandre reçoit les eaux du fleuve *Kimar-Sou*. Le premier de ces mots est une corruption du mot grec « καμάρα », « *voûte* ». Il porte ce nom à cause d'un grand aqueduc de 18 mètres de large, reposant sur des arches, qui le traverse à 30 mètres au-dessus de son lit, à dix kilomètres au-dessus de son confluent avec le Scamandre.

Je suis étonné de voir que dans un ouvrage sur la plaine de Troie, qui a paru à Paris l'année passée, Nicolaïdès ait reconnu dans ce petit fleuve le Simoïs. J'espère pouvoir fournir des preuves évidentes que le Simoïs ne peut être autre que le *Doumbrek-Sou*, que je vois sur plusieurs cartes appelé Thymbrius, qui a sa source dans les collines à l'est, près du village de Rinkoï, qui parcourt la plaine, et qui, en arrivant près d'Hissarlik (*Ilium-Novum*), tourne brusquement vers le promontoire de Rhétée, où il se jette dans la mer. Il est appelé *In-Tépé-Asmak* depuis son détour vers le nord. Ce fleuve tire son nom *Doumbrek-Sou* du village de *Doumbrek*, situé sur sa rive, à l'extrémité de la belle vallée qui s'étend de l'ouest à l'est entre deux chaînes de montagnes, dont l'une au nord est appelée la *chaîne d'In-Tépé* et l'autre au sud, *chaîne de Chiblak*.

Comme le Scamandre est l'unique débouché pour toutes les eaux qui descendent des montagnes de l'Ida pendant la saison pluvieuse, il monte aussitôt que les pluies commencent, et, comme ces pluies continues remplissent rapidement les conduits souterrains des montagnes et les sources, ce fleuve se gonfle promptement; il inonde la grande plaine entre les montagnes, et il se jette avec une telle impétuosité dans la vallée étroite entre Éné et Bounarbaschi, qu'il y monte jusqu'à une hauteur de 9 à 12 mètres au-dessus de son niveau du mois d'août : on en voit les preuves par les herbes qui adhèrent aux bords et aux arbres.

La couleur jaunâtre de son sable lui aura probablement fait donner le nom de *Xanthos*, qu'il avait chez les dieux (*Il.*, XX, 40).

Partout où la nature du sol le permet, ses rives sont couvertes de la même végétation luxuriante de saules, de tamaris, de lotos, de joncs et de souchet, dont elles étaient garnies du temps de la guerre de Troie (*Il.*, XXI, 350-352) :

Καίοντο πτελέαι τε καὶ ἰτέαι ἠδὲ μυρῖκαι,
Καίετο δὲ λωτός τ' ἠδὲ θρύον ἠδὲ κύπειρον,
Τὰ περὶ καλὰ ῥέεθρα ἅλις ποταμοῖο πεφύκει.

« Alors s'enflammèrent les ormeaux, les saules, les « tamaris, les lotos, les joncs, le souchet, qui crois« saient en assez grand nombre sur les belles rives du « fleuve. »

L'eau du Scamandre est considérée comme très-salutaire; les habitants la préfèrent à toutes les sources, et ils viennent de loin pour en chercher.

Après trois quarts d'heure de marche le long du fleuve, j'arrivai de nouveau à l'endroit d'où j'étais parti, et d'où a nécessairement dû partir Achille en courant droit le long des murs de Troie vers les portes Scées. J'avais mis en tout deux heures à faire le tour de l'emplacement qu'on attribue à l'ancienne ville.

Je me dirigeai de là de nouveau vers Ballidagh (ainsi est appelée la partie sud-est des hauteurs de Bounarbaschi), en traversant l'emplacement attribué à Troie du nord au sud, et en cherchant à droite et à gauche si je ne pourrais pas trouver quelque pierre taillée, quelque tesson ou quelque autre indice qu'une ville y ait jadis existé; mais rien, absolument rien, ne portait la moindre trace de la main de l'homme.

Mycènes et Tiryns ont été détruits il y a 2335 ans, et pourtant il en reste des ruines telles, qu'elles dureront encore 10,000 ans, et qu'après 10,000 ans elles seront encore l'objet de l'admiration universelle. Non-seulement en creusant la terre sur l'emplacement de Mycènes et de Tiryns, mais en examinant la surface du sol, on trouve des quantités immenses de tesson, et dans 10,000 ans on y trouvera encore ce même tesson, par la raison qu'il ne se détruit pas dans la terre.

Troie était détruite 722 ans seulement avant ces deux villes : si donc cette ville eût réellement existé sur l'emplacement qu'on lui assigne sur les hauteurs de Bounarbaschi, on trouverait là certainement encore aujourd'hui autant ou presque autant de ruines qu'on en voit à Mycènes et à Tiryns car les constructions cyclopéennes ne se perdent pas sans laisser de trace, et les morceaux de tuile et de poterie se retrouvent partout où des habitations d'hommes ont existé.

En supposant même, ce qui est impossible, que les Troyens n'aient eu ni poterie ni tuiles, qu'ils aient habité des maisons de bois et que les pierres de leurs murs se soient en allées en poussière, nous trouverions au moins des traces de leurs rues sur les rochers qui recouvrent la plus grande partie de la Troie de Bounarbaschi. Mais l'aspect sauvage de ces rochers, leurs énormes inégalités, l'absence totale de la moindre surface nivelée et unie prouvent jusqu'à l'évidence qu'ils n'ont jamais porté une habitation humaine.

Cependant, comme la théorie de l'existence de Troie sur les hauteurs de Bounarbaschi trouve de nouveaux et toujours de nouveaux défenseurs, qui y croient aveuglément comme à un dogme, et en parlent avec pleine assurance, je crus de mon devoir, dans l'intérêt de la science, de faire des fouilles en maints endroits. Mais le jour était déjà trop avancé; il était deux heures de l'après-midi lorsque je rejoignis mon guide; je différai donc mes fouilles jusqu'au lendemain, et j'employai le reste de la journée à explorer le haut plateau de Ballidagh, à 3 kilomètres sud-est de Bounarbaschi.

Ce plateau se termine par une élévation de 10 mètres, qui est à 157 mètres au-dessus du niveau de la mer, et forme un autre petit plateau peu accidenté, qui a 190 mètres de long, tandis que sa plus grande largeur du nord au sud est à peine de 100 mètres.

Le consul Hahn, avec l'architecte Zeller, a fait sur

cette élévation, en 1865, des fouilles, et mis à jour presque toute l'enceinte d'une petite acropole, dont les murs portent le cachet d'une très-haute antiquité. Mais ils sont de construction diverse : un mur est bâti de pierres polygonales peu taillées, dans le genre de celles de Mycènes, mais beaucoup plus petites; un autre est fait en pierres magnifiquement taillées et bien ajustées l'une sur l'autre; un troisième est en pierres de forme irrégulière, mais merveilleusement adaptées l'une à l'autre; un quatrième est en pierres dont les quatre côtés forment un cube parfait, mais dont le côté extérieur est grossièrement taillé; un cinquième mur est incliné sous un angle de 45 degrés, et construit de moellon; un sixième a une inclinaison égale, mais est bâti en petites pierres non taillées.

On n'a découvert qu'une seule petite porte d'entrée du côté nord; elle n'a qu'un mètre de large.

Le plateau de l'acropole est couvert d'un grand nombre de fondements de petites maisons; la grande quantité de petites pierres, qui gisent sur ces fondements, ne laisse pas de doute que ces constructions n'aient été faites de ces pierres et de boue.

Du côté ouest seulement le consul Hahn a découvert quelques anciens bâtiments, parmi lesquels le plus remarquable est une construction de 7 mètres de long, sur autant de large, qui a évidemment été jointe du côté sud à un autre bâtiment : deux petites colonnes, qu'on y a trouvées, font supposer que la construction a été un petit temple.

Immédiatement au-dessous de l'acropole, à l'extrémité de la petite colline, se trouve dans le rocher un creux de forme elliptique de 7 mètres de profondeur et de 15 mètres dans son plus grand diamètre; ce creux a évidemment été la carrière qui a fourni les pierres pour la construction des murs de la petite forteresse.

Ces rochers de Ballidagh sont de pierre basaltique.

CHAPITRE XVI.

Les trois tumulus. — Faux tombeau d'Hector. — Emplacement d'une petite ville, qui ne peut pas avoir été Troie. — Gergis. — Scamandria. — Repas et libations au Scamandre. — Nuit sous la pluie aux sources. — Fouilles sur les hauteurs de Bounarbaschi sans trouver la moindre trace d'habitations humaines. — Impossibilité de concilier la distance entre Bounarbaschi et la mer avec les événements de l'Iliade.

Sur le plateau, en face de l'acropole, on voit trois tumulus, dont l'un, appelé *tombeau d'Hector*, a 6 mètres de haut et 32 mètres de diamètre à sa base; il est formé de petites pierres jetées ensemble sans ordre ni symétrie.

Je reviendrai plus tard sur le tombeau d'Hector, et je crois pouvoir prouver que, selon la croyance accréditée dans toute l'antiquité, il doit avoir été sur les bords du Simoïs, près de l'ancien bourg Ophrynium, entre Rhétée et le village actuel d'*Aren-Keui*.

Le second tumulus, appelé *tombeau de Priam*, a 4 mètres de haut et 44 mètres de diamètre. Il a été fouillé par le savant Frank Calvert, des Dardanelles, qui a trouvé dans l'intérieur une construction quadrangulaire de 4 mètres 67 centimètres de large sur 4 mètres de hauteur; elle est formée de grandes pierres grossièrement taillées sur le côté extérieur seulement, et mises l'une sur l'autre sans ciment.

Cette espèce de tube quadrangulaire était remplie de petites pierres; mais Frank Calvert n'a rien trouvé dans ce tumulus, excepté quelques morceaux de poterie et pas même la moindre indication qu'il ait jamais servi de sépulture. Il croit donc qu'il a été construit pour servir de base à un autel ou à une petite chapelle.

Le troisième monticule a 30 mètres de diamètre à la base, et seulement 2 mètres de haut; il est formé de terre mêlée de pierres et il n'a pas encore été fouillé.

Les pierres employées à la construction de ces « *tumulus* » paraissent être tirées du rocher même où ils se trouvent. On voit à côté de chacun d'eux une fosse artificielle, et, près du monticule appelé *tombeau d'Hector*, il y a des fondations en forme circulaire, du même diamètre que ce tumulus. Probablement on a construit ces fondations pour y ériger un tumulus semblable.

Entre ce dernier tumulus et l'acropole, il y a une place unie de 288 mètres de long sur 100 à 150 mètres de large, parsemée de débris de poterie et de tuiles. On y voit çà et là les ruines de très-petites maisons; ce sont des fondations construites en moellons de 33 centimètres de long sur 17 centimètres de large. Ces maisons ont évidemment été bâties de pierres mêlées avec de la boue. On y trouve aussi quelques restes de murailles faites de grands blocs de pierre.

C'est évidemment l'emplacement d'une ancienne ville, dont la petite forteresse contiguë a été l'acropole. Mais l'espace est si petit qu'il ne paraît certainement pas possible que la population de cette ville ait pu dépasser deux mille hommes, et ainsi ce serait une folie de prétendre que ce soient les ruines de la grande ville de Troie, qui pouvait opposer aux Grecs dix mille combattants de ses propres fils. Sa population doit, par conséquent, avoir été au moins de cinquante mille hommes.

On trouve ce nombre approximatif de combattants dans le discours d'Agamemnon (*Il.*, II, 123-130), qui dit que si l'armée grecque se divisait par dizaines, et si chaque dizaine prenait un guerrier troyen pour leur verser le vin dans leurs coupes, plusieurs dizaines manqueraient d'échanson. L'armée grecque est supposée avoir été de cent mille hommes.

Si les preuves que j'ai données ne paraissaient pas encore suffisantes pour démontrer que Troie n'a jamais pu être sur les hauteurs de Bounarbaschi, je dirais que ni de l'acropole ni d'aucun autre endroit de l'emplacement qu'on attribue à cette ancienne ville, on ne voit le mont Ida, ce qui est en désaccord avec Homère (*Il.*, VIII, 47-52), où Jupiter voit du sommet de l'Ida la ville de Troie.

Je dirais en outre qu'il y avait à Pergame le palais de Priam, avec cinquante chambres pour ses fils et douze chambres, dans un étage supérieur, pour ses filles (*Il.*, VI, 242-250); devant la porte du palais de Priam, à Pergame, était l'assemblée des Troyens (VII, 345-346); dans l'acropole se trouvaient aussi les palais et la cour d'Hector et de Pâris (VI, 313-317, 370); à Pergame étaient les temples de Minerve (VI, 88, 297), d'Apollon (V, 446; VII, 21). Hector sacrifiait dans l'acropole à Jupiter, et il est donc probable qu'il y avait aussi un temple de ce dieu (XXII, 170-172). Pergame doit avoir eu une très-grande porte, car on y introduisit le fameux cheval de bois (*Od.*, VIII, 504).

Il est donc clair qu'Homère n'a aucunement pu avoir en vue la petite acropole sur les hauteurs de Bounarbaschi, avec sa petite porte d'un mètre de large. En effet, cette acropole et l'étendue de la ville basse sont si petites et si insignifiantes que je ne puis même être d'accord avec le savant Calvert, qui croit y reconnaître Gergis; car cette ancienne ville, habitée par les descendants des Teucriens (Hérod., V, 122), était une des villes les plus fortes de la princesse dardanienne Mania, qui y avait ses trésors. (Xénoph., *Hell.*, III, 1, § 15.)

En outre, selon les indications d'Hérodote (VII, 43), Xerxès, en quittant Ilium, passa par la vallée bordée par les montagnes d'*In-Tépé* au nord et celles de *Chiblak* au sud; car il laissa à sa gauche les villes de Rhétée, d'Ophrynium et de Dardanum, qui confine avec Abydos, et à sa droite les Teucriens de Gergis.

Il me semble donc qu'il faudra chercher la ville de

Gergis sur les hauteurs de *Chiblak*, environ vis-à-vis du village d'*Halil-Eli*, où de nombreux tessons et quelques vestiges de murs ne laissent pas de doute qu'une ville n'y ait existé.

Selon Tite-Live (XXXVIII, 39), les Romains ont réuni, après la défaite d'Antioche, Rhétée et Gergithus au territoire d'Ilium-Novum.

J'incline plutôt vers l'opinion qu'on pourrait placer ici la petite ville de *Scamandria*, dont on n'a pas encore pu indiquer la position géographique.

Pline (V, 33) nomme Scamandria parmi les villes qu'on pouvait voir dans la plaine de Troie, en suivant la côte à bord d'un navire, et il paraît s'étonner que Scamandria existât encore, car il dit : « *Est tamen et nunc Scamandria civitas parva.* » Son nom semble indiquer qu'elle était située sur le Scamandre. En outre, d'après Mauduit, on voit par un passage d'Anne Comnène que Scamandria était située à une demi-journée d'Abydos, et sur la route d'Abydos à Adramyte, ce qui correspond parfaitement à la position des vestiges de la petite ville sur les hauteurs de Ballidagh. Je crois devoir mentionner encore, d'après le même auteur, qu'il existe au Musée du Louvre, sous les numéros 546 et 607, deux tablettes de marbre, sur lesquelles est gravé un traité d'alliance entre les habitants d'Ilium-Novum et ceux de Scamandria ; en vertu de ce contrat, les deux villes s'obligent à se défendre contre leurs ennemis communs. Ces tablettes ont été trouvées et données au Musée du Louvre par M. Dubois.

Je ne quittai la petite acropole qu'à cinq heures du

soir, et, après avoir de nouveau traversé du sud au nord tout l'espace qu'on croit être l'emplacement de l'ançienne Troie, je descendis au Scamandre pour prendre mon souper, qui consistait en pain d'orge et en eau du fleuve. Le pain était à tel point séché par la chaleur que je ne pouvais pas le briser; mais, après qu'il eut trempé un quart d'heure dans l'eau, il était mou comme un gâteau de Savoie, et je le mangeai avec délices, en faisant de copieuses libations dans la rivière. Ces libations n'étaient pourtant pas faciles à faire, car je n'avais pas de coupe, et, chaque fois que je voulais boire, je devais me pencher sur l'eau du fleuve en m'appuyant sur mes bras, qui s'enfonçaient jusqu'aux coudes dans la boue. Mais j'éprouvais une vive satisfaction à boire l'eau du Scamandre, et je pensais que mille autres se soumettraient avec joie à des fatigues bien plus grandes encore, pour voir ce fleuve divin et pour goûter de son eau.

Ce délicieux repas fini, je me rendis à Bounarbaschi, où je louai cinq ouvriers avec des houes, des pioches et des paniers, pour faire des fouilles le lendemain. Puis je me couchai pour la nuit sur le rocher, au pied duquel jaillissent les nombreuses sources. Je ne choisis pas ce gîte pour être visité par les mânes des belles Troyennes qui avaient lavé leur linge aux *deux sources d'Homère*, mais pour me mettre à l'abri des serpents, dont j'avais eu peur la nuit précédente. Vers minuit, je fus réveillé en sursaut par une pluie battante; mais, ne sachant pas où me réfugier, j'ôtai ma redingote, avec laquelle je me couvris la tête et la poitrine, et ma fatigue était telle que je me rendormis aussitôt et que je dormis jusqu'au matin.

Il devait avoir plu presque toute la nuit, car j'étais trempé jusqu'aux os. Je retournai à Bounarbaschi pour mettre des vêtements secs, car j'en avais dans mon sac de voyage; mais la saleté dans la maison de l'Albanais était telle que je n'osais pas y suspendre mes habits pour les sécher, de peur de les voir le soir envahis par la vermine. Je gardai donc mes vêtements mouillés sur le corps, pour les faire sécher à l'ardeur du soleil.

Mon guide était déjà là avec le cheval, et mes cinq ouvriers m'attendaient avec leurs instruments; je me fis donc donner par mon hôte le pain de la journée, que je mis dans un sac suspendu au σαγμάριον du cheval, et puis nous partîmes.

Nous commençâmes à faire des fouilles immédiatement au sud-est de Bounarbaschi. Nous étant échelonnés, mes cinq ouvriers, mon guide et moi, sur une ligne d'environ 100 mètres, nous sondâmes le terrain en creusant des trous, afin d'ouvrir des fossés, dans le cas où nous trouverions des ruines d'anciens bâtiments, ou seulement du tesson.

Ordinairement on fait des fouilles dans des endroits où l'on espère trouver des antiquités; ici j'avais la conviction pleine et entière de l'impossibilité d'en trouver, et néanmoins je me résignai aux frais et à la fatigue inouïe des fouilles, et je le fis avec la même ardeur que j'y aurais mise, si j'avais eu la certitude de découvrir des trésors archéologiques; je le fis à la poursuite du but désintéressé d'extirper le dogme absurde et erroné que Troie a été située sur les hauteurs de Bounarbaschi. Je m'étais réservé une pelle, une pioche et un panier, et, malgré la chaleur accablante, je travaillai avec autant d'ardeur que le meilleur de mes ouvriers.

Nous atteignîmes presque partout le rocher à une profondeur de 60 centimètres à 1 mètre; mais nulle part le moindre morceau de tuile ou de poterie, nulle part le moindre indice que les lieux eussent jamais été habités par l'homme. Nous poursuivîmes nos fouilles à l'est jusqu'au Scamandre, et nous les continuâmes encore pendant tout le jour suivant, en allant au nord jusqu'aux rochers de Ballidagh sans plus de résultat, de sorte que je puis à présent jurer que jamais une ville n'y a existé.

Il me paraît vraiment inconcevable qu'on ait jamais pu reconnaître dans les hauteurs de Bounarbaschi l'emplacement de Troie. En effet on dirait que les voyageurs viennent ici avec un système préconçu qui les aveugle; car, s'ils voyaient clair, ils s'apercevraient immédiatement qu'il est impossible de concilier la position de ces hauteurs avec les indications de l'Iliade.

La distance des hauteurs de Bounarbaschi jusqu'au camp grec, au promontoire de Sigée, est de 14 kilomètres, tandis que tous les combats et toutes les allées et venues dans l'Iliade font supposer qu'il pourrait y avoir à peine 5 kilomètres entre la ville et le camp grec.

Considérons, par exemple, la première bataille.

Dans la nuit, Jupiter ordonne au dieu des rêves de se rendre chez Agamemnon et de l'engager à armer les Grecs, en lui promettant qu'ils prendront Troie le lendemain (*Il.*, II, 8-15). A l'aube du jour, Agamemnon fait appeler les Grecs à l'assemblée, raconte aux chefs son rêve, et propose, pour sonder leurs intentions, de retourner dans la patrie (II, 48-140); les troupes se dispersent à grands cris sur les navires et les mettent à flot (II, 142-154). Ulysse retient les troupes et leur persuade de rester (II, 182-210). De longs discours sont ensuite prononcés par Ulysse, Nestor et Agamemnon (II, 284-393); on prend la résolution de rester; les guerriers se dispersent dans le camp pour préparer le repas du matin, puis ils mangent (II, 394-401). Agamemnon sacrifie un taureau gras à Jupiter et rassemble les chefs pour cette cérémonie (II, 402-433); Nestor fait un nouveau discours, puis Agamemnon fait mettre l'armée en bataille (II, 441-454); les guerriers se rangent pour le combat devant leur camp dans la plaine du Scamandre (II, 464-465).

Les Troyens en sont avertis par Iris; ils s'arment, ils ouvrent toutes les portes de leur ville, et ils courent dehors avec un grand bruit (II, 786-810; III, 1-9). Les deux armées se rencontrent dans la plaine (III, 15); mais la plaine ne devait pas être grande, car, du haut des portes Scées, Hélène reconnaît les chefs des Grecs et indique leurs noms à Priam (III, 166-235); l'armée grecque ne devait pas être éloignée de plus de 1 kilomètre; car, pour reconnaître des hommes à cette distance, il faut avoir la vue très-forte.

Pâris provoque Ménélas en combat singulier; Hector prononce un discours, et Ménélas, un autre (III, 67-75, 86-94, 97-110). Hector envoie des hérauts à Troie pour chercher des agneaux vivants, et Agamemnon expédie dans le même but Talthybios au camp grec (III, 116-120). Comme l'armée grecque ne pouvait se trouver que tout au plus à 1 kilomètre des portes Scées, elle aurait dû se trouver au moins à une distance de 13 kilomètres de leur camp, si Troie eût été sur les hauteurs de Bounarbaschi, et dans ce cas Talthybios n'aurait pu revenir avec l'agneau vivant en moins de *six* heures. Mais son absence est si courte qu'Homère n'en fait pas même mention; il paraît donc évident que la distance que l'homme avait à parcourir était très-courte.

On fait des sacrifices et des serments solennels (III, 268-301); le combat singulier a lieu; Pâris est vaincu par Ménélas et enlevé par Vénus (III, 355-382); Pandaros tire une flèche sur Ménélas et le blesse (IV, 104-140); il y a un long colloque entre Agamemnon et Ménélas (155-191); Machaon, habile dans l'art de guérir, est appelé et panse la blessure (208-219).

Agamemnon fait de nombreux discours pour animer les chefs des Grecs, et enfin les deux armées en viennent aux mains.

Minerve conduit hors de la mêlée l'impétueux Mars et le fait asseoir sur la rive du Scamandre (V, 35-36).

Les Troyens sont repoussés jusqu'aux murs de Troie (V, 37). Ils sont excités au combat par Apollon et Mars (V, 460-470); pendant le combat, on envoie continuellement à Troie et au camp grec les blessés et le butin pris sur l'ennemi : armes, chars et chevaux (V, 325-663, 668-669). Les Grecs *cèdent à reculons* devant les Troyens victorieux (V, 699-702); ils sont refoulés jusqu'au Naustathme, car, selon le vers V, 791, ils combattent près des vaisseaux.

L'avantage est de nouveau du côté des Grecs, car on voit derechef s'établir une terrible bataille entre eux et les Troyens, dans la plaine entre le Scamandre et le Simoïs; les Grecs reculent de nouveau (VI, 107). Hector se rend à Troie pour ordonner des sacrifices aux divinités (VI, 111-115); il semble y arriver durant l'espace de temps occupé par la scène émouvante et le beau colloque entre Glaucos et Diomède (VI, 119-235).

Hector a une longue conversation avec sa mère, avec Pâris, avec Hélène; il cherche sa femme Andromaque; il la rencontre, et il a un très-long et touchant entretien avec elle, puis vient la scène pathétique avec son fils (VI, 254-493).

Hector retourne au combat avec Pâris, et il paraît qu'ils se trouvent dans l'armée immédiatement après qu'ils sont sortis de la porte (VII, 1-7). En effet les troupes devaient se trouver devant les portes Scées, car Minerve et Apollon, qui ont pris la forme de deux vautours, s'asseoient sur le sommet d'un hêtre pour se réjouir du spectacle des guerriers, dont les lignes épaisses étaient assises, hérissées de casques, de boucliers et de javelines (VII, 58-62); ce hêtre se trouvait en face ou à côté des portes Scées (VI, 237).

Hector et Pâris tuent plusieurs ennemis (VII, 8-16); puis Hector provoque en combat singulier le plus brave des Grecs (VII, 67-91). Il se fait une pause, car personne n'ose s'opposer à Hector : discours de Ménélas qui s'offre à le combattre; puis discours d'Agamemnon et de Nestor (VIII, 96-160). Neuf héros s'offrent à combattre Hector; ils tirent au sort. Le sort désigne Ajax, fils de Télamon, qui s'en réjouit et revêt l'airain étincelant (VII, 161-225); puis discours des deux adversaires (VII, 226-243); ils combattent jusqu'à la tombée de la nuit et échangent des présents (VII, 244-312).

Les Grecs retournent à leur camp; les chefs s'assemblent dans la tente d'Agamemnon, où ce roi immole un bœuf; on écorche et on découpe l'animal, on le rôtit; ensuite on prend le repas du soir (VII, 313-336).

Que l'on considère la multitude d'incidents de cette seule journée : d'abord, au point du jour, assemblée générale au camp grec; long discours d'Agamemnon, puis dispersion des troupes pour mettre les navires à flot; longs discours de trois héros; on prépare le repas; Agamemnon sacrifie un taureau à Jupiter; nouveau discours de Nestor; enfin Agamemnon fait ranger l'armée en bataille. Mais ces différentes occupations auront enlevé au moins quatre heures, de sorte qu'il est dix heures du matin lorsque les troupes s'avancent dans la plaine du Scamandre. Ils s'approchent tellement des portes Scées qu'Hélène reconnaît les chefs grecs. Provocation au combat singulier par Pâris; discours d'Hector et de Ménélas; envoi de hérauts à Troie et au camp grec pour chercher des agneaux vivants; sacrifice solennel; combat singulier. Nombreux discours d'Agamemnon. Les Grecs repoussent les Troyens jusqu'aux murs de Troie, et ils sont repoussés à leur tour; *mais ils ne se retirent qu'à reculons jusqu'aux navires*. Les Grecs ont avancé de nouveau, car il se fait une terrible bataille dans la plaine entre le Scamandre et le Simoïs. Les Grecs reculent de nouveau; Hector se rend à Troie; longs discours de lui, d'Hécube, de Pâris, d'Hélène et d'Andromaque. Les Grecs doivent avoir avancé de nouveau, car Hector et Pâris se trouvent en leur présence en sortant des portes Scées; discours d'Hector, de Ménélas, de Nestor, et enfin combat singulier terminé par la nuit; les Grecs retournent à leur camp.

Ainsi la distance entre la ville et le camp grec a été parcourue au moins *six* fois dans l'espace de temps de dix heures du matin jusqu'à sept heures du soir; à savoir : deux fois par le héraut qui cherchait l'agneau et au moins quatre fois par l'armée, et même une fois *à reculons*, et toutes ces marches et contremarches ont pu se faire malgré l'énorme perte de temps occasionnée par les nombreux discours, les sacrifices, les différentes batailles, les deux combats singuliers.

Il est donc évident que la distance entre le camp grec et Troie était très-courte, et qu'elle devait être moindre que cinq kilomètres. Bounarbaschi est à quatorze kilomètres du cap Sigée : si donc Troie eût été sur les hauteurs de Bounarbaschi, on aurait parcouru, de dix heures du matin jusqu'à sept heures du soir, au moins quatre-vingt-quatre kilomètres, en dépit de toutes les pertes de temps produites par les différentes causes que j'ai énumérées.

CHAPITRE XVII.

Fouilles sur l'emplacement de l'ancienne petite ville qui occupait les hauteurs de Ballidagh. — Lit du Scamandre. — Le Thymbrius. — Thymbra. — Le Kalifatli-Asmak. — Nature du sol de la plaine de Troie. — Insalubrité du climat. — Ilium-Novum, aujourd'hui Hissarlik. — Identité de son emplacement avec Troie. — Colline artificielle. — Citation des ouvrages modernes sur Troie. — Découvertes de Frank Calvert. — La tradition unanime de l'antiquité place Troie à Ilium-Novum. — Arguments tirés des anciens classiques en faveur de cette supposition.

Le 13 août, nous fîmes de petites fouilles sur l'emplacement de la ville insignifiante qui dû occuper le haut plateau immédiatement devant la petite acropole, et qui a pu contenir, je le répète, deux mille habitants. A chaque coup de pioche nous y trouvâmes du tesson, et en plusieurs endroits nous mîmes à jour les fondements de maisonnettes de 2 à 3 mètres de long sur autant de large.

Nous fîmes aussi de petites fouilles en différents endroits de la petite citadelle, et partout nous trouvâmes une grande quantité de tesson.

Nous continuâmes aussi pendant quatre heures la fouille commencée par le consul Hahn dans le petit bâtiment de 7 mètres de long sur autant de large, dont les murs sont extérieurement mis à jour jusqu'aux fondements et mesurent environ 3 mètres de haut. Nous y trouvâmes une masse immense de morceaux de tuiles et de poterie, et entre autres un pot de terre cuite, d'une forme élégante, et semblable aux vases qu'on trouve dans les tombeaux de Corinthe. Les pierres dont le bâtiment est composé ne sont point taillées sur le côté intérieur du mur, de sorte qu'elles forment les unes sur les autres des saillies irrégulières de 20 à 30 centimètres, ce qui semble prouver que, même jusqu'à la hauteur de 3 mètres, il n'y avait que des substructions, sur lesquelles s'élevait le bâtiment proprement dit. Mais la masse immense de débris de ménage, dont ces substructions sont remplies et couvertes, ne laisse pas de doute que, pendant de longs siècles, d'autres maisons n'aient été construites sur les ruines du bâtiment et au-dessus des substructions.

Le soir venu, nous retournâmes à Bounarbaschi, où je payai mes ouvriers en les engageant de nouveau pour le lendemain. Comme il était déjà trop tard pour aller au Scamandre, je fis mon souper aux Sources, où je passai de nouveau la nuit sur le rocher.

Le lendemain, 14 août, je partis à cinq heures du matin avec mon guide et mes ouvriers, et nous allâmes d'abord vers l'est au Scamandre, et ensuite vers le nord, dans le lit sablonneux de ce fleuve. La chaleur avait rendu le sable si sec et si mouvant que mon cheval ne pouvait pas m'y porter; je donnai donc l'animal à mon guide pour le conduire à travers champs à Hissarlik (*Ilium-Novum*), tandis que je continuais la route à pied avec les cinq ouvriers.

Après une heure de marche pénible dans le sable, nous arrivâmes à l'endroit où le petit fleuve Kimar-Sou, l'ancien *Thymbrius,* qui vient des collines dites de *Callicolone,* se jette dans le Scamandre; on aperçoit à peine ce petit fleuve, à cause de la multitude d'arbres dont ses bords sont couverts.

Nous remontâmes la rive du Thymbrius, et nous arrivâmes à environ un kilomètre de son confluent, à la « *ferme* » appelée Batak, qui couvre le village ruiné d'Akchekin et occupe l'emplacement de l'ancienne ville de Thymbra et le site du temple d'Apollon Thymbrien : une inscription en l'honneur de ce dieu, que le docteur Hunt y a mise à jour, ne laisse pas de doute à ce sujet.

Selon Strabon (XIII, 1, p. 107, *édit. Tauchnitz*), ce temple était à l'endroit même où le Thymbrius se jette dans le Scamandre; il semble donc que ce dernier ait reculé son lit d'un kilomètre plus à l'ouest. Mais, comme Strabon n'a pas visité les lieux lui-même, il est bien possible qu'il y ait eu une petite inexactitude dans le rapport qu'on lui en a fait, comme en effet il y a tant d'autres erreurs dans les rapports de Démétrius de Scepsis.

Dans la ferme de Batak, le sol est partout parsemé de tesson, et l'on y voit aussi de nombreux restes de murs, dont l'étendue ne permet pas de douter que

Thymbra n'ait été une ville de quelque importance. Frank Calvert, à qui la science de l'archéologie est redevable de tant de découvertes importantes, a réussi à découvrir la nécropole de Thymbra, et les fouilles qu'il y a pratiquées ont enrichi sa vaste et splendide collection d'antiquités d'une multitude de vases dont l'exécution révèle un art très-perfectionné.

Dans cette vallée de Thymbra campèrent les Lyciens et les Mysiens : « Πρὸς Θύμϐρης δ' ἔλαχον Λύκιοι, Μύσιοι τ' ἀγέρωχοι. » *Vers Thymbra sont campés les Lyciens et les Mysiens superbes* (*Il.*, X, 430).

Mes ouvriers me dirent que le Kimar-Sou coule d'abord par une vallée étroite bordée de hautes montagnes, et qu'il passe ensuite par un véritable labyrinthe de grands blocs de pierre, où il est traversé par l'aqueduc antique dont j'ai déjà parlé.

Le lit de ce fleuve n'a que 8 à 10 mètres de large, et l'eau y est si basse qu'elle coule à peine; mais ses bords, d'environ 2 mètres de haut, sont escarpés, ce qui fait supposer qu'il est très-rapide et plein d'eau en hiver et au printemps.

Nous nous dirigeâmes de la ferme de Batak au nord-ouest, et nous arrivâmes bientôt à un marais, nourri de sources appelées *Judan*, d'où sortent deux ruisseaux dont l'un coule au sud-est et se jette dans le Kimar-Sou (le *Thymbrius*), et l'autre coule au nord-ouest vers la mer. Ce dernier, appelé par les habitants de la plaine *Kalifatli-Asmak*, a un lit profond; il n'a pas d'eau courante pendant les grandes chaleurs de l'été; mais j'y vis de temps à autre des mares d'eau stagnante. Mes ouvriers m'assurèrent que cette petite rivière a, pendant l'hiver et tout le printemps, un fort courant d'eau, et qu'il déborde même quelquefois. Il coule vers le nord jusqu'au-delà d'Hissarlik, ensuite pendant quelques centaines de mètres vers l'ouest, puis au nord-ouest, et il se jette en deux bras dans la mer à moins d'un kilomètre de l'embouchure du Scamandre. A environ deux kilomètres et demi au nord-ouest d'Hissarlik, il est joint par un canal artificiel au bras principal du Doumbrek-Sou (Simoïs).

Strabon (XIII, 1, page 107, *édit. Tauchnitz*) donne comme distance de Thymbra à Ilium-Novum 50 stades, ce qui ferait, à 185 mètres par stade, 9,250 mètrès; cela paraît être exact, car nous mîmes deux heures à parcourir cette distance à pied.

Le sol de la plaine de Troie est une riche argile. On prétend que cette plaine a formé jadis un golfe de la mer et que le sol a été produit par les dépôts des rivières; mais d'importantes raisons, que je développerai plus tard, me donnent la conviction que cette plaine n'est pas alluviale et que sa formation est aussi ancienne que celle des deux promontoires de Sigée et de Rhétée.

Les rochers qui entourent la plaine sont de pierre sablonneuse calcaire.

Le climat y est fort malsain, car pendant les grandes chaleurs les marais exhalent des miasmes pestilentiels qui engendrent des fièvres pernicieuses. Ces fièvres font de grands ravages dans la population, surtout parmi les nouveaux arrivés qui ne sont encore acclimatés. Sans aucun doute le climat serait parfaitement sain si ces marais n'existaient pas; mais la population est à présent si faible et si insignifiante qu'il n'y a pas moyen de penser qu'elle puisse s'occuper de l'assainissement de la plaine. Cependant il est évident par les anciens auteurs que des marais ont toujours existé là, même du temps où la population était nombreuse et puissante.

Il y avait même un marais au pied des murs de Troie, car Ulysse dit à Eumée (*Od.*, XIV, 472-475) :

Ἀλλ' ὅτε δή ῥ' ἱκόμεσθα ποτὶ πτόλιν αἰπύ τε τεῖχος,
Ἡμεῖς μὲν περὶ ἄστυ κατὰ ῥωπήϊα πυκνά,
Ἂν δόνακας καὶ ἕλος, ὑπὸ τεύχεσι πεπτηῶτες,
Κείμεθα.

« Mais, lorsque nous arrivâmes à la ville et à la « haute muraille, nous nous étendîmes tout armés « devant la citadelle, au milieu d'épaisses brous- « sailles, dans les joncs d'un marais. »

Vers dix heures du matin, nous arrivâmes à un vaste terrain élevé, jonché de tessons et de débris de marbres sculptés. Quatre colonnes solitaires de marbre, à moitié enfouies dans le sol, indiquaient l'emplacement d'un grand temple. La vaste étendue du champ, parsemé de débris, ne permettait pas de douter que nous ne fussions sur l'enceinte d'une grande ville, jadis florissante. En effet nous marchions sur les ruines d'*Ilium-Novum*, appelé aujourd'hui *Hissarlik*, ce qui signifie *palais*.

Après avoir marché pendant une demi-heure sur ce terrain, nous arrivâmes à une colline d'une quarantaine de mètres de haut, qui descend au nord presque perpendiculairement dans la plaine, et qui est d'environ 20 mètres plus élevée que le dos de la chaîne montagneuse, dont elle forme l'extrémité et l'éperon.

S'il était possible d'avoir des doutes sur l'identité d'Hissarlik avec Ilium-Novum, l'aspect de cette chaîne montagneuse les ferait disparaître entièrement, car il répond aux mots de Strabon (XIII, I, page 109, *édit. Tauchnitz*), « συνεχὴς ῥάχις », *dos montagneux continu*.

Le sommet de ladite colline forme un plateau carré uni, de 233 mètres de long sur autant de large. Par des fosses que l'ingénieux Frank Calvert a pratiquées dans cette colline, il a reconnu qu'elle est en grande partie artificielle et qu'elle a été formée par les ruines et les débris des temples et des palais qui s'y sont succédé pendant de longs siècles. En faisant une petite fouille sur le sommet à l'est, il a mis au jour une partie d'un grand bâtiment, palais ou temple, construit de grandes pierres de taille, mises l'une sur l'autre sans ciment. Le peu qu'on voit du bâtiment ne permet pas de douter qu'il n'ait de grandes proportions et qu'il ne soit exécuté avec un art parfait.

Après avoir attentivement examiné à deux reprises toute la plaine de Troie, je partage pleinement la conviction de ce savant, que le haut plateau d'Hissarlik est l'emplacement de l'ancienne Troie et que la susdite colline est le site de sa Pergame. Je me trouve ainsi en désaccord avec Lechevalier, *Voyage de la Troade*, 3e édit., Paris 1802; Rennel, *Observations on the topography of the Plain of Troy*, London, 1814; P. W. Forchhammer, *in the Journal of the Royal Geographical Society*, volume XII, 1842; Mauduit, *Découvertes dans la Troade*, Paris-Londres, 1840; Welcker, *Kleine Schriften*; Texier; Choiseul-Gouffier, *Voyage pittoresque de la Grèce*, 1820; M. G. Nicolaïdès, Paris, 1867, qui tous placent l'ancienne Troie sur les hauteurs de Bounarbaschi. Je suis également en désaccord avec Clarke et Barker Webb, Paris, 1844, qui la placent sur les collines de Chiblak audelà d'Ilium-Novum. Mais je suis en parfait accord avec C. Mac Laren, *Dissertation on the topography of the Trojan war*, Edinburgh, 1822; et Eckenbrecher, *im Rheinischen Museum*, N.-F. 2. Jahrgang, S. 1 ff, qui reconnaissent l'identité d'Hissarlik avec l'emplacement de Troie.

Pour parvenir aux ruines des palais de Priam et de ses fils et à celles des temples de Minerve et d'Apollon, il faudra enlever toute la partie artificielle de cette colline, et je crois qu'on trouvera alors que l'acropole de Troie s'étendait encore à une bonne distance sur le haut plateau contigu; car les ruines du palais d'Ulysse, celles de Tiryns et celles de l'acropole de Mycènes, ainsi que la grande Trésorerie encore intacte d'Agamemnon, nous prouvent jusqu'à l'évidence

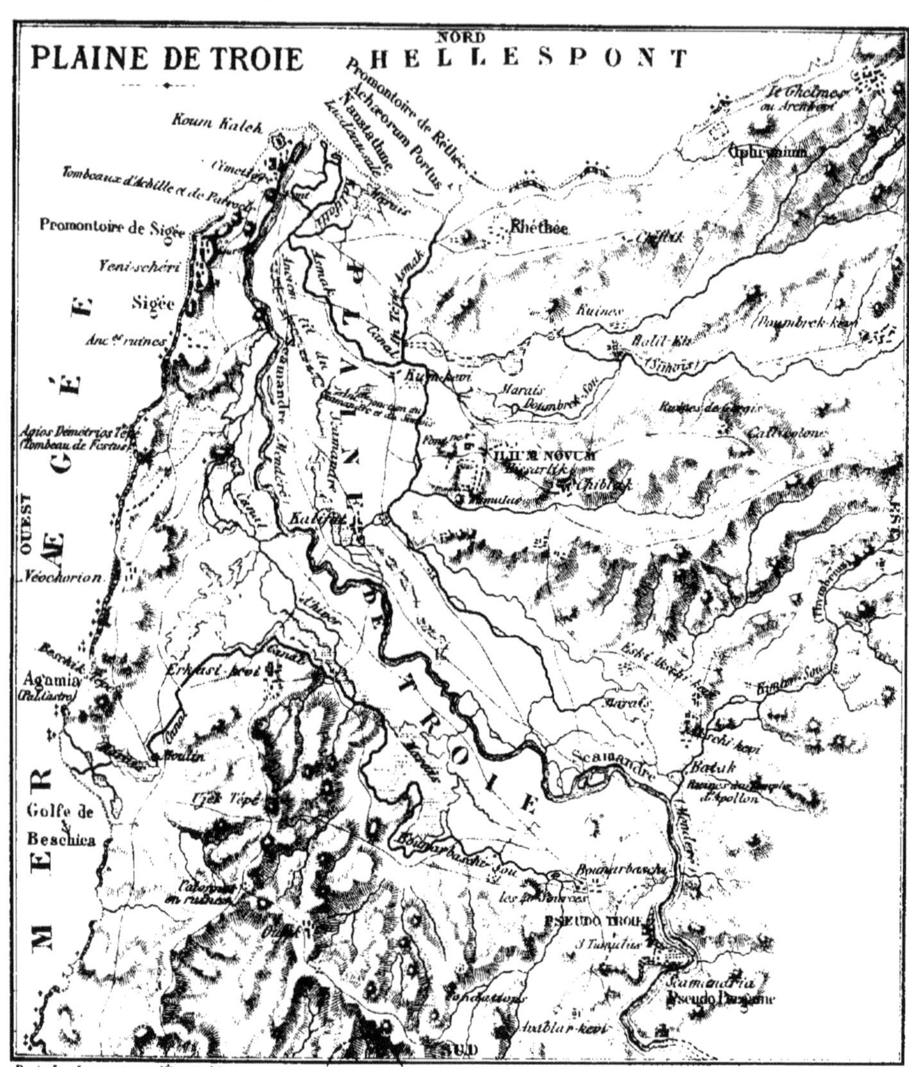

Paris, Imp Lemercier et Cie r. de Seine 57.

que les constructions de l'âge héroïque avaient de grandes proportions. La Pergame de Priam devait être grande ; car, bien qu'il s'y trouvât trois palais et au moins deux temples, il y restait encore beaucoup d'espace libre, autrement le peuple troyen n'aurait pas pu tenir son assemblée devant le palais royal. (*Il.*, II, 788-789.)

Οἱ δ' ἀγορὰς ἀγόρευον ἐπὶ Πριάμοιο θύρῃσιν
Πάντες ὁμηγερέες, ἠμὲν νέοι ἠδὲ γέροντες.

« Ils s'étaient tous rassemblés à l'agora, jeunes « gens et vieillards, devant les portiques de Priam. »

La connaissance de l'emplacement d'une ville ne peut jamais être mieux conservée que par la tradition qui survit chez ses habitants mêmes ; et comme, selon la tradition parmi la population d'Ilium-Novum, l'ancienne Troie n'avait jamais été entièrement détruite ni entièrement abandonnée (*Strabon*, XIII, I, page 111, *édit. Tauchnitz*), il n'y a pas moyen de douter qu'il n'en soit ainsi. Nous en pouvons d'autant moins douter qu'il paraît certain, d'après Homère même, *qu'un royaume troyen continuait à exister même après la destruction de la capitale par les Grecs, et que ce royaume existait du temps d'Homère, et ainsi deux cents ans après la guerre de Troie ;* car je ne comprends pas comment Homère, toujours si vrai et si précis, aurait autrement pu mettre dans la bouche de Neptune les beaux vers prophétiques (*Il.*, XX, 300-308) :

Ἀλλ' ἄγεθ', ἡμεῖς πέρ μιν ὑπὲκ θανάτου ἀγάγωμεν,
Μήπως καὶ Κρονίδης κεχολώσεται, αἴ κεν Ἀχιλλεὺς
Τόνδε κατακτείνῃ· μόριμον δέ οἵ ἐστ' ἀλέασθαι,
Ὄφρα μὴ ἄσπερμος γενεὴ καὶ ἄφαντος ὄληται
Δαρδάνου, ὃν Κρονίδης περὶ πάντων φίλατο παίδων,
Οἳ ἕθεν ἐξεγένοντο γυναικῶν τε θνητάων.
Ἤδη γὰρ Πριάμου γενεὴν ἤχθηρε Κρονίων·
Νῦν δὲ δὴ Αἰνείαο βίη Τρώεσσιν ἀνάξει,
Καὶ παίδων παῖδες, τοί κεν μετόπισθε γένωνται.

« Eh bien donc! arrachons nous-mêmes Ænée à « la mort, pour que le fils de Saturne ne se mette « pas en courroux, si Achille le tue; car la destinée « veut qu'il échappe, afin que la race de Dardanos ne « périsse pas sans descendants et oubliée; de Dar- « danos que Jupiter a aimé le plus parmi tous les en- « fants qu'il a engendrés de femmes mortelles; car « la race de Priam est maintenant odieuse au fils de « Saturne; oui, bientôt régneront sur les Troyens « Ænée et les fils de ses fils et ceux qui naîtront en- « suite. »

Si donc du temps d'Homère un royaume troyen, avec un descendant d'Ænée pour roi, n'eût pas existé, alors le poëte aurait fait prononcer à Neptune un mensonge ridicule; mais un tel sacrilége n'est point compatible ni avec sa croyance aveugle dans la haute sagesse des divinités, ni avec sa constante véracité.

Strabon, en rejetant toutes les traditions, d'après lesquelles Ænée, en s'échappant de Troie avec son père Anchise et son fils Ascanios, aurait fondé une colonie près de l'Olympe en Macédoine, ou en Arcadie, ou en Sicile, d'où il serait venu s'établir dans le Latium, Strabon, dis-je, reconnaît qu'Homère indique clairement dans le discours prophétique de Neptune qu'Ænée est resté à Troie, qu'il y a régné après l'extinction de la dynastie de Priam, et qu'il en a laissé la succession aux fils de ses fils. (*Strabon,* XIII, 1, page 123, *édit. Tauchnitz.*)

CHAPITRE XVIII.

Suite des arguments pour prouver l'identité d'Ilium-Novum avec l'Ilium d'Homère.— Visites de Xerxès, de Mindaros et d'Alexandre le Grand. — Histoire d'Ilium-Novum. — Raisons des fausses assertions de Démétrios de Scepsis acceptées par Strabon. — Le Naustathme. — Situation du camp grec. — Les promontoires de Rhétée et de Sigée.

Il paraît que Troie fut de nouveau détruite après le temps d'Homère, car Strabon raconte que les habitants de Sigée, de Rhétée et des villes voisines se partagèrent le territoire de Troie après la destruction de la ville; mais qu'ils le rendirent à Ilium lors de sa reconstruction sous la domination des Lydiens; il dit aussi qu'Hellanicos, auteur très-ancien, confirme l'identité de l'ancienne ville avec Ilium-Novum. (*Strabon,* XIII, 1, page 113.)

Mais la domination des Lydiens commença environ 800 ans avant J.-C.; si donc nous considérons comme certain qu'un royaume troyen et une ville de Troie, ou Ilium, existaient du temps d'Homère, nous ne perdons cette ville de vue que pendant deux siècles.

Pendant deux siècles la tradition nous conserve l'emplacement d'un village disparu, dont les maisons étaient bâties en bois ou en argile, avec des toits de chaume; et il serait insensé de croire que dans un aussi court espace de temps pût se perdre le souvenir de l'emplacement d'une grande capitale de construction cyclopéenne.

Personne ne pourra douter que les Troyens, sous Ænée, n'aient rebâti leur capitale sur l'emplacement de Troie détruite par les Grecs sous Agamemnon; car ils étaient attachés à cet endroit autant par le souvenir de son ancienne importance que par celui de leurs propres actions glorieuses.

Je ne suis pas parfaitement sûr de quelle manière les maisons de Troie étaient construites; mais, comme j'ai pu me convaincre que les étables de porcs d'Eumée, à Ithaque, étaient des constructions cyclopéennes, de grandes pierres de taille mises l'une sur l'autre sans ciment, je n'ose pas douter que dans l'âge héroïque toutes les maisons n'aient été construites de la même manière. Je ne doute pas davantage que les palais de Priam et de ses fils et les divers temples de l'acropole n'aient été des constructions cyclopéennes, d'un art aussi parfait que le trésor d'Agamemnon à Mycènes, ni que les murs d'enceinte de Troie, construits par Apollon et Neptune (*Il.*, VII, 452-453), n'aient été au moins aussi grandioses et aussi solides que ceux des citadelles de Tiryns et de Mycènes construits par les cyclopes; car on ne peut attribuer à la main créatrice des divinités que des constructions supérieures à celles des cyclopes et des autres mortels.

Il est donc tout probable que non-seulement les murailles de Troie, mais que même les palais, les temples et les simples maisons de la ville, ne furent que partiellement détruits par les Grecs; car l'intérieur et les toits seuls pouvaient brûler, les murs ne pouvaient pas même être endommagés par l'incendie; et si l'on regarde seulement les murailles de l'acropole de Tiryns, dont, selon la juste observation de Pausanias, un attelage de deux mulets ne pourrait pas même remuer la plus petite pierre, on n'a pas de peine à se convaincre qu'une muraille semblable, entourant la grande ville de Troie, n'a pas pu être détruite par l'armée grecque.

Mais, en supposant même que Troie et ses murs aient été détruits de fond en comble, toutes les pierres de taille des constructions cyclopéennes devaient rester sur place, et les Troyens, sous Æénée, trouveraient alors au moins sur l'emplacement de Troie tous les matériaux prêts pour y bâtir leur nouvelle capitale.

Aussi dans toute l'antiquité on n'a jamais eu le moindre doute sur l'emplacement de Troie et de sa Pergame; car selon Hérodote (VII, 43) : « Xerxès, en passant par la Troade, avant son invasion en Grèce (ainsi en 480 av. J.-C.), arriva au Scamandre et monta à la Pergame de Priam; car il eut le désir de la voir; et l'ayant vue, et s'étant enquis des choses qui la concernaient, il sacrifia à Minerve Ilienne mille bœufs, et les magiciens versèrent des libations aux mânes des héros. »

Il est évident, par ce passage d'Hérodote, qu'il existait alors une ville d'Ilium, avec une acropole *Pergame*, qui possédait un temple dédié à Minerve Ilienne, protectrice de cette ville, et qu'on avait la certitude que cette ville occupait l'emplacement de l'Ilium d'Homère, de la *Pergame de Priam*, comme Hérodote l'appelle.

Un autre témoignage de la certitude qu'on avait sur la situation de Troie nous est fourni par Xénophon (I, 1, 4), qui dit que le général lacédémonien Mindaros sacrifia à Minerve à Ilium.

Nous trouvons une preuve plus certaine encore dans la visite qu'Alexandre le Grand fit à Ilium et à sa Pergame (*Strabon,* XIII, 1, page 99, *édit. Tauchnitz*); car il était fanatique de l'Iliade d'Homère, qu'il estimait et qu'il appelait « *une provision de vertu militaire*, et qu'il mettait toujours avec son épée sous son chevet ». (Plutarque, *Vie d'Alexandre le Grand*, VIII.)

Arrien raconte qu'Alexandre le Grand, lors de sa visite à Ilium, sacrifia à Minerve Ilienne, suspendit son armure dans le temple de cette déesse, et prit en échange quelques-unes des armes sacrées qui avaient été conservées de la guerre de Troie : sa vénération pour ces armes troyennes fut telle, qu'il les faisait porter devant lui par ses gardes du corps dans les batailles.

Il fit aussi à Ilium, dans le temple de Jupiter Hercéien, des sacrifices à Priam, le priant de relâcher son courroux contre la race de Néoptolème à laquelle il (Alexandre) appartenait. (*Arrien*, I, 11.)

Plutarque dit qu'Alexandre, après avoir passé l'Hellespont, monta à Ilium, sacrifia à Minerve et fit des libations aux mânes des héros, et, après avoir arrosé d'huile la colonne funéraire d'Achille, il courut, comme c'était l'usage, tout nu autour du tombeau, avec ses compagnons, y mit une couronne de fleurs et félicita Achille d'avoir eu pendant sa vie un ami fidèle et, après sa mort, un grand chantre de sa gloire.

Comme il parcourait la ville (Ilium) et en examinait les curiosités, quelqu'un lui demanda s'il voulait voir la lyre d'Alexandre (Pâris), il répondit qu'il se souciait très-peu de celle-là, mais qu'il désirait voir la lyre d'Achille, sur laquelle celui-ci avait chanté la gloire et les actions des grands hommes. (Plutarque, *Vie d'Alexandre le Grand*, XV.)

Vu le culte qu'Alexandre le Grand avait pour Homère et pour ses héros, il est évident qu'il avait la pleine certitude que l'Ilium, où il sacrifia à Minerve, occupait la place de l'Ilium de Priam.

Nous lisons dans Strabon : « On dit que la ville « d'Ilium était jusqu'alors un bourg, et qu'il y avait « un temple de Minerve petit et mesquin. Mais Alexan- « dre y ayant monté, après la victoire du Granique, « orna le temple d'offrandes, éleva le bourg au rang « de ville, commanda aux intendants de l'agrandir « par de nouvelles constructions et déclara la ville « libre et exempte de tout impôt. Plus tard, après la « destruction du royaume de Perse, il lui envoya une

« lettre bienveillante, promettant d'en faire une grande « ville, de rendre son temple très-célèbre et d'instituer dans la ville des jeux sacrés. Après sa mort, « Lysimaque fit beaucoup pour la ville, l'entoura d'une « muraille de quarante stades de long, bâtit un temple « et augmenta la population en y amenant les habitants des anciennes villes environnantes, qui étaient « en décadence. Alexandre le Grand portait un grand « intérêt à Ilium-Novum, autant par son désir de bien « établir sa parenté avec les Iliens que par son admiration pour Homère; il y a même de lui une édition « rectifiée des poëmes d'Homère, dite « de la cassette », « car Alexandre a revisé ces poëmes avec Callisthène « et Anaxarque, et les a annotés, et il les conservait « dans une cassette richement ornée, qu'il avait trouvée dans le trésor des Perses. La bienveillance « extrême d'Alexandre pour les Iliens provenait donc « d'abord de son culte pour le poëte, puis de sa parenté avec les Æacides, les rois des Molosses, chez « lesquels, dit-on, a aussi régné Andromaque, qui « fut jadis l'épouse d'Hector. » (*Strabon,* XIII, 1, pag. 100 et 101, *édit. Tauchnitz.*)

Le même auteur continue à nous raconter qu'Ilium tomba de nouveau en décadence, et à tel point que, selon Démétrios de Scepsis, il n'y avait pas même de tuiles sur les toits des maisons lorsque les Romains firent pour la première fois invasion en Asie; que la ville fut encore relevée, mais qu'elle eut de nouveau à souffrir par la conquête de Fimbria, dans la guerre contre Mithridate. Ce général prit la ville après un siége de neuf jours, et comme il se vantait qu'Agamemnon, avec une flotte de mille navires, avait employé dix ans pour prendre la ville, tandis que lui, Fimbria, l'avait prise en neuf jours, un des Iliens lui répondit : « οὐ γὰρ ἦν Ἕκτωρ ὁ ὑπερμαχῶν τῆς πόλεως », parce que la ville n'avait pas Hector pour défenseur. Fimbria fut ensuite anéanti et chassé par Sylla, qui dédommagea la ville par de grandes améliorations. Puis Jules-César fit beaucoup pour Ilium-Novum, car il voulait imiter Alexandre, dont il était l'admirateur; et en outre il croyait avoir des preuves évidentes de sa parenté avec les Iliens. Il leur fit donation de terres et leur conserva la liberté et l'exemption d'impôts. (*Strabon*, XIII, I, page 101, *édit. Tauchnitz.*)

Nous lisons dans Justin (XXXI, 8), qu'à la première expédition romaine en Asie, ce fut un échange réciproque de félicitations entre les Iliens et les Romains, comme entre parents et enfants après une longue séparation. En effet, la croyance à l'identité de l'emplacement d'Ilium-Novum avec celui d'Ilium de Priam était si fermement établie dans toute l'antiquité, que personne n'en a jamais douté, excepté Strabon, qui n'avait jamais visité la plaine de Troie lui-même et qui se fiait aux récits intéressés de Démétrios de Scepsis.

Selon Strabon (XIII, I, page 122, *édit. Tauchnitz*), ce Démétrios de Scepsis maintenait que sa ville natale, Scepsis, avait été la résidence d'Ænée, et il est évident qu'il enviait à Ilium l'honneur d'être devenue la capitale du royaume troyen, sous le sceptre d'Ænée. Il prétendait donc qu'il n'y avait pas à Ilium-Novum et dans ses environs assez de place pour les grands exploits de l'Iiade, et que tout le terrain qui séparait cette ville de la mer était alluvial et de formation postérieure à la guerre de Troie. Comme autre preuve que l'emplacement des deux villes ne pouvait pas être identique, il citait : qu'Achille et Hector avaient couru trois fois autour de Troie, tandis qu'on ne pouvait pas courir autour d'Ilium-Novum « διὰ τὴν συνεχῆ ῥάχιν », *à cause du dos montagneux continu.* (*Strabon*, XIII, I, page 109.)

Enfin il prétendait qu'on devait placer l'ancienne Troie dans l'emplacement de Ἰλιέων κώμη à 30 stades d'Ilium-Novum et à 42 stades de la côte, bien qu'il convînt qu'il n'en restait pas la moindre trace. (*Strabon*, XIII, I, page 99.)

Strabon, avec le grand discernement qui le caractérise, n'aurait certainement pas approuvé ces assertions erronées de Démétrios de Scepsis, s'il eût visité lui-même la plaine de Troie, car ces arguments sont faciles à réfuter.

D'abord la distance d'Ilium-Novum, en ligne directe au nord, jusqu'à la côte, est de 4 kilomètres, tandis qu'il y a 5 kilomètres d'Ilium-Novum, en ligne directe au nord-ouest, jusqu'au cap de Sigée, que du temps de Strabon la tradition indiquait encore comme l'emplacement du camp grec; car cet écrivain dit (XIII, I, page 103) : « Après Rhétée on voit « Sigée, ville détruite, le port des Achéens, le camp

« achéen et le marais, ou lac, appelé Stomalimne et « l'embouchure du Scamandre. »

Les récits des marches des deux armées dans Homère prouvent jusqu'à l'évidence que le Naustathme et le camp grecs se trouvaient entre Sigée et l'embouchure du Scamandre. Cette distance est à présent de 1,720 mètres; mais certaines traces d'un ancien lit fluvial, que j'ai trouvées à environ 280 mètres plus à l'est, ne me laissent pas douter que l'embouchure du Scamandre n'ait été du temps de la guerre de Troie à environ 2 kilomètres de Sigée.

Néanmoins le Naustathme était trop étroit, car Homère dit (*Il.*, XIV, 31-36) :

Τὰς γὰρ πρώτας πεδίονδε
Εἴρυσαν, αὐτὰρ τεῖχος ἐπὶ πρύμνῃσιν ἔδειμαν.
Οὐδὲ γάρ οὐδ', εὐρύς περ ἐὼν, ἐδυνήσατο πάσας
Αἰγιαλὸς νῆας χαδέειν · στείνοντο δὲ λαοί.
Τῷ ῥα προκρόσσας ἔρυσαν, καὶ πλῆσαν ἁπάσης
Ἠϊόνος στόμα μακρόν, ὅσον συνεέργαθον ἄκραι.

« Ils avaient tiré la première ligne de vaisseaux sur « la plaine, et ils avaient construit un mur devant « leurs poupes, car le rivage, malgré son étendue, « ne pouvait pas contenir tous les navires; les peu- « ples étaient resserrés dans un espace trop étroit ; « c'est pourquoi les vaisseaux étaient placés en plu- « sieurs files, et remplissaient tout le long rivage « qu'embrassaient les promontoires. »

J'interprète ainsi ce passage d'Homère : les navires

furent tirés sur la rive entre le promontoire de Sigée et l'embouchure du Scamandre et ils remplissaient ainsi toute la rive sèche, où il y avait possibilité de placer des navires; car les grands lacs et les profonds marais entre l'embouchure du Scamandre et le promontoire de Rhétée ne permettaient pas d'y établir un camp. En outre la distance entre les deux promontoires, que Strabon indique par erreur de 60 stades ou 11,100 mètres, et qui est en réalité de 5,550 mètres, ou de 30 stades, comme Pline (V, 33) le remarque justement, est en contradiction avec les indications d'Homère sur l'étendue du camp grec. Par exemple Agamemnon, debout sur le pont du navire d'Ulysse, fait de toute la force de sa voix un discours, qu'on entend dans la tente d'Ajax, située à l'extrémité gauche, et dans celle d'Achille à l'extrémité droite. (*Il.*, VIII, 220-227.)

Je crois que je n'ai pas besoin de dire qu'aucun mortel ne pourrait saisir les paroles d'un autre mortel à une distance de plus d'un kilomètre.

Achille, sur l'extrémité droite, entend Hector crier à l'extrémité gauche. (*Il.*, XVI, 77-78.) Inutile d'observer qu'aucun cri humain ne peut être entendu au-delà de 2 kilomètres.

Achille voit de sa tente, à l'extrémité droite, Nestor à l'extrémité gauche. (*Il.*, XI, 597-600.) Je fais observer qu'on reconnaît difficilement un homme à une distance de 2 kilomètres, et jamais à une distance de 5 kilomètres et demi.

En outre, si le camp grec s'était étendu d'un cap à

l'autre, il aurait été coupé par le Scamandre, le Kalifatli-Asmak et le bras du Simoïs, appelé *In-Tépé-Asmak*, tandis qu'il n'y a dans Homère aucun indice que le camp ait été traversé par un fleuve.

Pour donner une autre preuve éclatante que le camp grec ne peut pas avoir occupé tout l'espace entre les deux promontoires de Sigée et de Rhétée, je rappellerai que, selon Homère (*Il.*, X, 428), les Cariens et les Péoniens, troupes auxiliaires de Troie, étaient campés sur les bords de la mer, et, selon le vers 434 du même chant, les Thraces, aussi alliés des Troyens, arrivés récemment, étaient à l'extrémité du rivage.

Les roseaux qu'Ulysse trouva sur le rivage (X, 467) et le héron, oiseau qui habite les marais, dont Ulysse et Diomède entendent le cri (X, 274), ne laissent pas de doute qu'il y avait déjà des marais sur les bords de la mer du temps de la guerre de Troie.

CHAPITRE XIX.

Preuves tirées de l'Iliade que l'espace était fort court entre le camp grec et Troie. — Le gué du Scamandre. — Le tombeau d'Ilus. — L'Erineos. — Le hêtre. — Callicolone. — Ancien confluent du Scamandre et du Simoïs près de Troie. — Preuves tirées de Strabon, de Lycophron et de Virgile que le tombeau d'Hector était à Ophrynium. — Emplacement probable des *deux sources*; comment elles ont pu subir des modifications. — Ruines d'Ilium-Novum. — Course facile autour de la ville. — Situation imposante d'Hissarlik.

Il y a, je le répète, 5 kilomètres d'Ilium-Novum à Sigée, et, en parlant de Bounarbaschi, je crois avoir démontré que cette distance paraît même être trop grande pour la rapidité des mouvements des armées dans la première bataille.

A l'aube du deuxième jour Idaios est envoyé par les Troyens au camp grec, afin de proposer un armistice pour brûler les morts (*Il.*, VII, 381). Les Grecs assemblés y consentent; Idaios rapporte cette nouvelle à Troie; les Troyens commencent à apporter les cadavres et du bois pour les brûler, et alors seulement le soleil se lève. (VII, 421.)

Le troisième jour, après le coucher du soleil (VIII,

485), Hector fait camper les Troyens sur la rive du Scamandre (VIII, 489-490), et commande d'amener promptement de la ville des bœufs et des brebis (VIII, 505-506), et l'on amène *immédiatement* ces animaux de Troie (VIII, 545-546). Mais les animaux ne marchent que lentement, surtout la nuit, et ils arrivent néanmoins « καρπαλίμως, *promptement* ». Il est donc évident que l'espace compris entre le camp grec et Troie était très-court, et que le Scamandre était tout près de la ville. En effet, comme l'ancien lit du Scamandre le prouve, ce fleuve se réunissait, à une distance de 1,700 mètres d'Ilium, avec le Simoïs (Doumbrek-Sou), et il coulait ensuite au nord-ouest vers la mer.

Strabon (XIII, 1, page 106, *éd. Tauchnitz*) confirme la jonction de ces deux fleuves tout près d'Ilium-Novum.

Le Scamandre coulait entre le camp grec et Ilium, de sorte que les Grecs ne pouvaient pas s'approcher de la ville sans passer le gué du fleuve, dont il est fait mention, *Il.* XIV, 433 et XXIV, 350. Tout près de ce gué, dans la direction de Troie, était le tombeau d'Ilus (XXIV, 349); Hector, qui était campé avec son armée sur la rive droite du Scamandre (VIII, 560), tint conseil près de ce tombeau (X, 415). Le sépulcre d'Ilus était aussi tout près de l'*Erineos*, ou le figuier sauvage, et aussi tout près du *étre* et des portes Scées (XI, 166-170). L'Erineos est aussi cité comme étant sous les murs de Troie (XXII, 145 et VI, 433-434) :

Λαὸν δὲ στῆσον παρ' ἐρίνεον, ἔνθα μάλιστα
Ἄμβατος ἔστι πόλις, καὶ ἐπίδρομος ἔπλετο τεῖχος.

« Place l'armée près du figuier sauvage, où surtout « on peut monter à la ville, et où il est facile de « prendre le mur d'assaut. »

Ainsi il y avait, sur les 1,700 mètres qui séparaient les murs de Troie du gué du Scamandre, d'abord le hêtre et le figuier sauvage sous les murs ou presque sous les murs, et le tombeau d'Ilus près du gué du Scamandre.

De l'autre côté, la grande proximité du Scamandre au camp grec ne pourrait pas être mieux indiquée que par les beaux vers (*Il.*, X, 11-13) :

Ἤτοι ὅτ' ἐς πεδίον τὸ Τρωϊκὸν ἀθρήσειεν,
Θαύμαζεν πυρὰ πολλά, τὰ καίετο Ἰλιόθι πρό
Αὐλῶν συρίγγων τ' ἐνοπήν, ὅμαδόν τ' ἀνθρώπων.

« Agamemnon regarde dans la plaine troyenne, et « le grand nombre de feux allumés devant Ilium, le « son des chalumeaux et des flûtes et le tumulte des « guerriers le frappe de surprise. »

C'était la nuit; l'armée troyenne était campée sur la rive du Scamandre (VIII, 490), du côté des navires grecs (VIII, 560); ils avaient allumé dans leur campement 1,000 feux (VIII, 562), et ce campement était si près de Troie qu'Homère dit que ces feux brûlaient devant Ilium (VIII, 561). Aussi, dans les susdits vers, il parut à Agamemnon que les feux brûlaient devant

Troie; et c'est tout naturel; car, je le rappelle, il n'y avait que 1,700 mètres du Scamandre aux murs de Troie. De l'autre côté, ce campement des Troyens sur le Scamandre était tellement rapproché de celui des Grecs, qu'Agamemnon entendait de sa tente le son des chalumeaux et des flûtes des Troyens et leur tumulte.

Ce seul passage d'Homère suffirait à prouver jusqu'à l'évidence la grave erreur commise par Démétrios de Scepsis et Strabon, lorsqu'ils placent Troie à Ἰλιέων κώμη, à 30 stades, ou 5,550 mètres au-delà d'Ilium-Novum, et par conséquent à plus de 11,000 mètres du camp grec.

Quel mortel peut entendre le son des flûtes et des chalumeaux à 11,000 mètres? En outre, comme le campement des Troyens sur la rive du Scamandre est à 7,250 mètres de distance de 'Ἰλιέων κώμη, Homère n'aurait pas pu dire et répéter que les feux brûlaient devant Troie, si cette ville eût occupé ladite place.

Ainsi, s'il est absurde de vouloir placer Troie à 'Ἰλιέων κώμη, il est bien plus absurde encore de prétendre que Troie ait occupé les hauteurs de Bounarbaschi, car la distance du campement troyen sur le Scamandre jusqu'à Bounarbaschi est d'environ 11 kilomètres. Mais je citerai encore d'autres preuves à l'appui de ma conviction que l'espace entre Troie et le camp grec était très-court.

Le quatrième jour, où se livrait la troisième grande bataille, le lever du soleil est annoncé au chant XI, 1, et le midi dans les vers XI, 84-86. Dans l'après-midi les Grecs repoussent les Troyens jusqu'aux portes Scées (XI, 166-170), et ils sont refoulés à leur tour jusqu'aux navires, où s'engage un terrible combat (XII, 35 — XIV, 439). Les Troyens sont de nouveau repoussés (XV, 6-8), et ils refoulent à leur tour une seconde fois les Grecs jusqu'aux navires (XV, 343-345), où se fait un carnage épouvantable.

Patrocle refoule les Troyens jusqu'aux murs de Troie, et essaye même trois fois de les escalader (XVI, 702); les Grecs combattent jusqu'au soir aux portes Scées (XVIII, 453).

Ainsi, dans cette troisième bataille, comme dans la première, les Grecs traversent aussi dans une après-midi, au moins quatre fois, l'espace entre leur camp et Troie, malgré les longs combats aux navires, dans la plaine et sous les murs de Troie.

Au commencement du dernier combat de l'Iliade, les Grecs s'arment près de leurs navires, et les Troyens « ἐπὶ θρωσμῷ πεδίοιο, » c'est-à-dire *sur le haut de la plaine entre le Simoïs et le Scamandre* (*Il.*, XX, 1-3). Les dieux prennent part au combat et surtout Minerve et Mars. Minerve anime les Grecs par ses cris du rempart derrière les navires et du rivage de la mer, tandis que Mars excite les Troyens à la lutte en criant tantôt du sommet de Pergame, tantôt de Callicolone (*Il.*, XX, 48-53) :

Αὖε δ' Ἀθήνη,
Στᾶσ' ὅτε μὲν παρὰ τάφρον ὀρυκτὴν τείχεος ἐκτός,

Ἄλλοτ' ἐπ' ἀκτάων ἐριδούπων μακρὸν ἀΰτει.
Αὖε δ' Ἄρης ἑτέρωθεν, ἐρεμνῇ λαίλαπι ἶσος,
Ὀξὺ κατ' ἀκροτάτης πόλιος Τρώεσσι κελεύων.
Ἄλλοτε πὰρ Σιμόεντι θέων ἐπὶ Καλλικολώνῃ.

« Minerve criait, se tenant tantôt sur les bords du « fossé creusé devant le rempart des Grecs, tantôt « sur le rivage retentissant. De l'autre côté, Mars, « semblable à la sombre tempête, poussait des cris « aigus, tantôt commandant les Troyens du sommet « de la ville, tantôt courant sur Callicolone près « du Simoïs. »

Ce beau passage prouve une fois de plus que la citadelle de Troie était tout près du haut de la plaine, entre le Simoïs et le Scamandre, et ensuite que Callicolone est une des belles collines, à l'est d'Hissarlik, qui bordent la charmante vallée par laquelle le Simoïs (*Doumbrek-Sou*), coule de l'est à l'ouest.

Homère prouve encore par les vers V, 773-774 que la jonction du Scamandre et du Simoïs était tout près de Troie :

Ἀλλ' ὅτε δὴ Τροίην ἷξον ποταμώ τε ῥέοντε,
Ἧχι ῥοὰς Σιμόεις συμβάλλετον ἠδὲ Σκάμανδρος.

« Mais lorsque les déesses s'approchèrent de Troie « et des deux fleuves, là où les flots du Simoïs se joi- « gnent à ceux du Scamandre... »

Il démontre aussi par les vers XXIV, 662-663, le court espace entre le camp grec et Troie :

Οἶσθα γάρ, ὡς κατὰ ἄστυ ἐέλμεθα, τηλόθι δ' ὕλη
Ἀξέμεν ἐξ ὄρεος....

« Car tu sais comment nous sommes renfermés dans « la ville, et que nous devons chercher le bois loin des « montagnes. »

Priam prie Achille d'accorder un armistice d'onze jours pour les funérailles d'Hector, car il dit que la ville est trop renfermée par le siége, et qu'ils doivent chercher le bois loin dans les montagnes. Il n'aurait certes pas eu besoin de se plaindre de cela, si la ville eût été à Ἰλιέων κώμη ou à Bounarbaschi, car les Troyens n'auraient pas alors été inquiétés par les Grecs du côté des montagnes.

Comme je viens de parler des obsèques d'Hector, je crois devoir dire à cette place que, selon Strabon (XIII, 1, page 103, *édit. Tauchnitz*), sur une colline à Ophrynium était le bosquet consacré à Hector. On reconnaît Ophrynium dans Palaio-Castron, sur l'Hellespont, à l'est de Rhétée, près des sources du Simoïs. Il paraît certain que, d'après la croyance accréditée dans toute l'antiquité, Hector était enseveli dans ce bosquet, car nous voyons dans Lycophron que Cassandre, lisant dans l'avenir, dit à Hector : « Oh ! « mon frère, objet cher à mon cœur, défenseur de « nos palais et de notre patrie, tu n'auras pas en vain « rougi les autels du sang des taureaux, et offert tant « de prémices et de victimes à celui qui monta sur « les trônes d'Ophion. Ce dieu te conduira dans sa « terre natale, le séjour le plus honoré de la Grèce.

« Tu habiteras les îles des heureux, grand héros des-
« tiné à repousser les traits de la peste, lorsque le
« peuple d'Ogygès, que sema jadis Cadmus pressé par
« une troupe de guerriers dévastant le pays, les pa-
« lais et les temples de Ténéros, docile à la voix du
« dieu de la médecine, t'enlèvera des tombeaux d'O-
« phrynium et te portera dans les murs de Calydnos,
« dans la terre des Aoniens. » (*Extr. de Choiseul.*)

Je fais observer à ceux de mes lecteurs qui ne sont pas philologues que Lycophron était un grammairien et un poëte très-célèbre qui vivait à Alexandrie en Égypte, vers l'an 280 avant Jésus-Christ, sous le règne de Ptolémée II, surnommé Philadelphe. Son poëme de Cassandre est considéré comme un prodige d'érudition acquise par de longues et pénibles études.

Nous lisons dans Virgile qu'Andromaque s'était remariée avec Hélénos, fils de Priam, devenu roi de Chaonie ; que non loin de la ville, à l'ombre d'un bosquet sacré, sur la rive d'un faux Simoïs, elle offrait aux cendres d'Hector des sacrifices solennels ; elle évoquait ses mânes près d'un cénotaphe construit d'un gazon vert et pleurait au pied de deux autels, sujet de ses larmes (*Ænéide*, III, 302-305) :

Ante urbem in luco falsi Simoentis ad undam
Libabat cineri Andromache, Manesque vocabat
Hectoreum ad tumulum, viridi quem cespite inanem
Et geminas, causam lacrymis, sacraverat aras.

Les indications contenues dans ces deux passages sont en parfait accord avec la situation de Troie

(*Ilium-Novum*), du Simoïs (*Dumbrek-Sou*) et du tombeau d'Hector dans le bosquet d'Ophrynium (*Palaio-Castron*), presque sur la rive du Simoïs.

Hector était vénéré comme un dieu (*Il.*, XXII, 393-394) :

Ἠράμεθα μέγα κῦδος· ἐπέφνομεν Ἕκτορα δῖον,
ᾯ Τρῶες κατὰ ἄστυ, θεῷ ὣς εὐχετόωντο.

« Nous avons remporté une grande gloire ; nous « avons tué le divin Hector, que les Troyens vénéraient dans leur ville comme un dieu. »

Il n'y a donc pas le moindre doute que la mémoire de ce héros divin, unique soutien et unique gloire du peuple troyen, ne dût se perpétuer parmi leurs descendants, et que son tombeau, objet de leur culte, ne dût être parfaitement connu par la tradition, dans toute l'antiquité. Je proteste donc une fois de plus contre tous ceux qui, dans leur foi aveugle au dogme de *Bounarbaschi-Troie*, prétendent connaître, après trente et un siècles, la situation du tombeau d'Hector, mieux qu'on ne l'a connue neuf siècles après sa mort, et qui reconnaissent l'identité de ce sépulcre avec un des trois tumulus qui sont sur les hauteurs de Bounarbaschi.

Lorsque Achille combattait encore, Hector ne luttait que près des murs de Troie et n'osait pas s'éloigner des portes Scées et du Hêtre. (IX, 352-354.) Depuis le commencement de la guerre les femmes troyennes n'osaient plus sortir de la ville pour laver leur linge aux deux sources. (XXII, 153-156.)

Si Troie eût été à Bounarbaschi et ainsi à 14 kilomètres du camp grec, Hector aurait pu s'éloigner à une bonne distance de Troie, sans risquer de rencontrer Achille, et les femmes troyennes auraient pu continuer à laver paisiblement leur linge, aux deux sources au pied des murs de la ville, sans danger d'y être surprises par les Grecs, qu'elles auraient pu voir de loin. Mais, comme Troie était tout près du camp grec, Hector avait peur d'être surpris par Achille, et les femmes ne pouvaient plus laver leur linge sans s'exposer à tomber entre les mains des troupes grecques.

Les deux sources, l'une chaude, l'autre glacée, se trouvaient sans aucun doute dans le marais immédiatement sous Ilium du côté nord, dans le même marais où Ulysse et Ménélas étaient embusqués (*Odyssée*, XIV, 469-475). Mais il ne faut attacher aucune importance à la disparition de ces deux sources; car les sources d'eau chaude et d'eau glacée sont toujours des phénomènes de la nature et des produits accidentels qui naissent et disparaissent à la suite des tremblements de terre très-fréquents dans la Troade, pays éminemment volcanique, et abondant en sources d'eau chaude. Frank Calvert a fait l'observation que plusieurs de ces sources chaudes ont disparu et reparu dans les temps modernes; et, par exemple, il y a trois ou quatre ans seulement, pendant un tremblement de terre, les sources de Tongla, qui sont chaudes et salées, disparurent et ne reparurent qu'après plusieurs mois. La source la plus chaude *dans la plaine de Troie même* est à présent à deux kilomètres du village d'Akchi-Kévi; elle a une température constante de vingt-deux degrés.

Il y a plusieurs sources de bonne eau au pied de la colline d'Hissarlik. Comme je l'ai déjà dit, la colline d'Hissarlik est le prolongement ou l'extrémité d'un dos montagneux qui n'est pas insurmontable comme le prétend Strabon.

L'emplacement d'Ilium-Novum, d'une circonférence de 5 kilomètres, est bien indiqué par les murailles d'enceinte, dont on voit les ruines en maints endroits; et les pentes qu'on monte et qu'on descend, en faisant le tour de la ville, sont si douces qu'on peut les traverser au pas de course sans risquer de tomber. En courant trois fois autour de la ville, Hector et Achille firent ainsi 15 kilomètres, et une telle course n'a rien d'extraordinaire; car, lorsque je parcourus, en société de cinq officiers japonais, au galop, les 38 kilomètres de Yocohama à Yeddo, au Japon, nous fûmes suivis à pied par nos six palefreniers, qui rivalisaient de vitesse avec les chevaux.

Quoique je pense avoir suffisamment démontré que Hissarlik est, sous tous les rapports et à tous les points de vue, en harmonie complète avec toutes les indications que nous fournit Homère sur Ilium, je puis encore ajouter qu'on ne peut pas mettre le pied dans la plaine de Troie sans être tout d'abord frappé par la position de la belle colline d'Hissarlik, qui semble être destinée par la nature à porter une grande ville avec son acropole. En effet cette position bien fortifiée dominerait toute la plaine de Troie, et, dans toute la contrée, il n'y a aucun point qui puisse être comparé à celui-ci.

De Hissarlik on voit aussi le mont Ida, du sommet duquel Jupiter voyait la ville de Troie (*Il.*, VIII, 47-52).

CHAPITRE XX.

Tombeau d'Æsyétès. — Tumulus de Batieia ou tombeau de l'Amazone Myrine. — Udjek-Tépé ne peut pas être le tombeau d'Æsyétès. — Cimetières turcs pleins d'anciennes sculptures. — In-Tépé ou tombeau d'Ajax. — Ruines de Rhétée. — Raisons pour lesquelles le sol de la plaine de Troie ne peut pas être de formation alluviale. — Grands lacs sur le rivage de la mer. — Rapidité du courant de l'Hellespont. — Tumulus de Patrocle, d'Antiloque et d'Achille. — Ruines de la ville d'Achilleion. — Ville de Sigée. — Visite et sacrifices d'Alexandre le Grand et de Caracalla au tombeau d'Achille.

Strabon (XIII, I, page 109, *édit. Tauchnitz*) cite encore comme preuve, contre l'identité d'Ilium-Novum avec l'Ilium de Priam, les vers (*Il.*, II, 791-794):

Εἴσατο δὲ φθογγὴν υἷϊ Πριάμοιο Πολίτῃ
Ὃς Τρώων σκοπὸς ἷζε, ποδωκείῃσι πεποιθώς,
Τύμβῳ ἐπ' ἀκροτάτῳ Αἰσυήταο γέροντος,
Δέγμενος, ὁππότε ναῦφιν ἀφορμηθεῖεν Ἀχαιοί.

« Iris ressemblait par la voix à Politès, fils de
« Priam, qui, confiant dans la rapidité de ses jambes,
« était assis comme sentinelle avancée sur le sommet

« du tombeau du vieillard Æsyétès, pour épier quand « les Achéens s'élanceraient des navires. »

Strabon ajoute que, si Troie occupait l'emplacement d'Ilium-Novum, Politès aurait pu observer les mouvements des Grecs aux navires mieux du sommet de Pergame que du tombeau d'Æsyétès, situé sur le chemin d'Alexandria-Troas, à 5 stades (925 mètres) d'Ilium-Novum.

Dans sa supposition, Strabon a parfaitement raison; mais il a été évidemment induit en erreur par Démétrius de Scepsis sur l'identité de ce tumulus avec le tombeau d'Æsyétès. Comme Strabon dit qu'il se trouvait à 5 stades (ou 925 mètres) d'Ilium-Novum sur la route d'Alexandria-Troas, il était situé au sud-ouest d'Ilium, dans la vallée, à moitié chemin entre la ville et le Scamandre, et à cette place il répond parfaitement à la situation du tumulus Batieia, tombeau de Myrine, dont la position est indiquée par Homère dans les beaux vers (*Il.*, II, 811-815) :

Ἔστι δέ τις προπάροιθε πόλιος αἰπεῖα κολώνη
Ἐν πεδίῳ ἀπάνευθε, περίδρομος ἔνθα καὶ ἔνθα·
Τὴν ἤτοι ἄνδρες Βατίειαν κικλήσκουσιν,
Ἀθάνατοι δέ τε σῆμα πολυσκάρθμοιο Μυρίνης·
Ἔνθα τότε Τρῶές τε διέκριθεν ἠδ' ἐπίκουροι.

« En avant de la ville, de côté, dans la plaine, « s'élève un tumulus escarpé et isolé, que les hommes « appellent Batieia; mais les immortels le nomment « le tombeau de l'agile Myrine; c'est là que les Troyens « et les alliés se rangèrent séparément. »

Selon Strabon, cette Myrine était une des Amazones (Strabon, XIII, 4, page 147) qui assiégeaient Troie (*Il.*, III, 189-190; Hérodote, IX, 27).

Par sa situation « ἀπάνευθε », *de côté*, dans la plaine renfermée par la jonction du Scamandre et du Simoïs, le tumulus de Myrine était hors de la ligne des marches des troupes grecques et troyennes, et c'est ainsi qu'Homère n'a eu l'occasion d'en parler qu'une seule fois, tandis qu'il parle souvent du figuier et du hêtre, parce qu'ils étaient sur le passage des armées.

Les inondations périodiques du Scamandre auront peu à peu miné et enlevé le tumulus Batieia, car on n'en voit plus aucune trace.

Le tumulus Udjek-Tépé, dans lequel, par une grave erreur, on veut reconnaître le monument d'Æsyétès, se trouve aussi dans la direction d'Hissarlik à Alexandria-Troas, non à 925 mètres, mais à 7,000 mètres d'Hissarlik, et à 12,000 mètres du camp grec. On ne peut pas voir à l'œil nu des hommes, même à la moitié de cette distance, et même les vaisseaux ne paraissent que comme de petits points.

L'erreur de Strabon est pardonnable, car il ne fait que répéter les mensonges intéressés de Démétrius de Scepsis; mais impardonnable est l'erreur des auteurs croyant au dogme de l'identité de Bounarbaschi avec l'emplacement de Troie, auteurs qui, après avoir visité la plaine de Troie et Udjek-Tépé, soutiennent encore que ce monument puisse être le tombeau d'Æsyétès, d'où Politès épiait les mouvements des Grecs aux navires. Je défie tous ces auteurs et défenseurs d'un dogme absurde de prouver que jamais un mortel ait pu voir des hommes à 6 kilomètres, moitié de la distance qui sépare Udjek-Tépé du camp grec à côté de Sigée. En outre, la distance de Bounarbaschi à Udjek-Tépé est de 6 kilomètres, tandis que de Bounarbaschi au camp grec à Sigée il y a 14 kilomètres. Vraiment rien de plus absurde que de s'imaginer que Politès ait pu faire 12 kilomètres (aller et retour) pour être à 12 kilomètres du camp grec au lieu de 14 kilomètres.

Nous devons plutôt placer le tombeau d'Æsyétès entre le gué du Scamandre et le camp grec, mais peut-être à 1 kilomètre au nord-est ou au sud-ouest hors de la ligne directe entre ces deux points; car s'il se fût trouvé sur le théâtre des batailles et des marches des armées, Homère en aurait fait mention plus d'une fois.

Je crois pouvoir dire à ce propos que le tumulus d'Udjek-Tépé, le *pseudo-tombeau d'Æsyétès*, que j'ai visité, est de forme conique, comme tous les tumulus de la plaine de Troie ; il a 25 mètres de haut, et 130 mètres de diamètre à sa base. On peut se faire une idée de la grandeur de ce tombeau, si l'on pense, comme l'a fait observer Lenz, que les plus hautes maisons de Paris n'ont pas plus de 22 mètres de haut, et qu'il y en a peu qui aient plus de 22 mètres de long et de large.

Je ne partis d'Hissarlik, avec mes ouvriers et mon guide, qu'à trois heures de l'après-midi ; nous passâmes par les villages Kalifatli et Koum-Kévi, dont les cimetières sont remplis, en guise de monuments funèbres, de colonnes et de sculptures de tout genre, qu'on a retirées de l'emplacement d'Ilium-Novum.

Nous suivîmes ensuite l'In-Tépé-Asmak, qui est, je le répète, le bras principal du Doumbrek-Sou (*Simoïs*), et qui, en tournant vers le nord, prend ce nom *In-Tépé-Asmak* du tombeau d'Ajax appelé *In-Tépé*, auprès duquel il se jette dans la mer.

Ce tumulus, situé à 600 mètres du rivage, est construit en terre; on l'a ouvert, et l'on voit dans sa partie inférieure un long passage voûté, de $1^{m}17$ de haut sur autant de large, fait de briques; dans la partie supérieure on voit deux murs, restes d'un petit temple rond, de $3^{m}34$ de diamètre.

Selon Strabon (XIII, I, page 103, *édit. Tauchnitz*), ce temple renfermait la statue d'Ajax, qui fut enlevée par Marc-Antoine et donnée à Cléopâtre; mais elle fut restituée par Octave-Auguste aux Rhétiens.

La maçonnerie des murs est évidemment romaine; en effet nous lisons dans Philostrate (*Heroica*, I) que ce petit temple a été restauré par l'empereur Hadrien. Pline (V, 33) fait mention que près de ce tombeau avait été la ville d'Æantium, qui n'existait plus de son temps. Les sables du rivage ont probablement envahi les ruines de cette ville, car on n'en voit plus aucun vestige.

Sur la colline la plus élevée du cap Rhétée, qui a environ 50 mètres d'élévation au-dessus du niveau de la mer, semble avoir été située la ville de Rhétée « Ῥοίτειον πόλις », car le sommet est couvert de nombreux morceaux de tuiles et de poterie.

Je suivis ensuite la côte à l'ouest, vers le promontoire de Sigée, tout en examinant attentivement la nature du sol pour voir si, comme le prétend Strabon, il pourrait être de formation alluviale postérieure à la guerre de Troie.

D'abord l'élévation graduelle de toute la pente de la chaîne d'In-Tépé me semblait repousser la supposition qu'un golfe ait jamais pu exister là, et j'en fus pleinement convaincu quand je vis les bords hauts et escarpés du petit fleuve In-Tépé-Asmak et du ruisseau Kalifatli-Asmak, près de leur embouchure dans un sol marécageux.

Si ce sol était le produit des alluvions des rivières, les bords de ces rivières ne pourraient pas avoir une hauteur verticale de 2 à 4 mètres, dans des endroits où la terre est marécageuse et molle. En outre les grands lacs d'eau salée d'une immense profondeur, à l'extrémité de la plaine, combattent énergiquement l'hypothèse que la plaine de Troie, entière ou en partie, ait pu être formée par alluvion ; car, si les rivières faisaient des dépôts au profit de la plaine, ces lacs devraient d'abord être remplis. La grande Stomalimne, ou lac et marais dont parle Strabon (XIII, I, page 103, *éd. Tauchnitz*), existe encore, et elle n'est, sans aucun doute, ni plus ni moins grande que du temps de Strabon, car l'eau qui se perd de la lagune par l'évaporation est remplacée aussitôt par l'infiltration de l'eau de la mer; en outre le courant de l'Hellespont, qui court avec une rapidité de trois nœuds par heure, enlève la matière alluviale des fleuves et la dépose sur les bas-fonds à gauche en sortant de l'Hellespont, à quelques kilomètres de la plaine de Troie, et ce même courant a toujours dû prévenir un accroissement de la côte.

Ainsi l'assertion de Strabon, que tout l'espace de terrain entre la côte et Hissarlik, et par conséquent 4 kilomètres de long sur autant de large, soit un produit alluvial post-homérique, est une hypothèse absurde; ce n'est qu'une fiction inventée par Démétrios de Scepsis, pour prouver qu'Ilium-Novum n'a pu être l'ancienne Troie.

Je passai le Scamandre sur un pont de bois. Ce fleuve a, vers son embouchure, un lit très-large et très-profond et assez d'eau même en août. Sur sa rive droite est un monticule artificiel de forme conique, de 11 mètres de haut et de 40 mètres de diamètre à la base, dans lequel on a fait des fouilles sans rien trouver.

On me montra à quelques mètres de ce monument une élévation à peine perceptible du sol, en me disant qu'il y avait eu dans cet endroit un monticule conique semblable, qu'on avait déblayé pour gagner du terrain. Ces deux tumulus couvraient probablement les cendres de Patrocle et d'Antiloque.

A deux kilomètres plus loin, à l'extrémité de la plaine, sur une petite colline, qui a d'un côté 8 mètres, de l'autre 17 mètres de haut, se trouve un autre plus grand tumulus funéraire qui a 53 mètres de diamètre à sa base, tandis que sa hauteur, par suite des

14

fouilles qu'on y a entreprises, a été réduite à 8m34. Ce sépulcre est attribué avec raison à Achille, car sa situation répond parfaitement aux indications que l'âme d'Agamemnon donne dans l'Enfer à celle d'Achille, dans les vers suivants (*Od.*, XXIV, 80-84) :

Ἀμφ' αὐτοῖσι δ' ἔπειτα μέγαν καὶ ἀμύμονα τύμβον
Χεύαμεν Ἀργείων ἱερὸς στρατὸς αἰχμητάων
Ἀκτῇ ἔπι προὐχούσῃ, ἐπὶ πλατεῖ Ἑλλησπόντῳ,
Ὥς κεν τηλεφανὴς ἐκ ποντόφιν ἀνδράσιν εἴη
Τοῖς, οἱ νῦν γεγάασι, καὶ οἱ μετόπισθεν ἔσονται.

« Au-dessus de l'urne, nous, la sainte armée des « vaillants Grecs, nous élevâmes une tombe irrépro- « chable, sur le rivage qui avance dans le large Hel- « lespont, afin qu'elle soit au loin visible dans la mer, « aux hommes nés à présent et à ceux qui naîtront « dans l'avenir. »

Le terrain immédiatement au sud de ce tumulus est jonché de débris de tuiles et de poterie de l'ancienne ville Achilleion, bâtie par les Mityléniens (*Strabon*, XIII, I, page 110, *édit. Tauchnitz*). Les habitants de cette ville firent pendant de longues années la guerre aux Athéniens, qui occupaient la ville de Sigée, située à un kilomètre de distance, sur le sommet du promontoire du même nom. Selon Strabon les deux villes furent détruites par les habitants d'Ilium-Novum. De son temps, il existait encore des ruines de Sigée ; mais, comme la ville moderne de Yénitchéri a été construite sur son emplacement, toute trace de Sigée a disparu. Pline (V, 33) constate aussi la disparition des villes de Sigée et d'Achilleion.

Les habitants d'Ilium-Novum faisaient des sacrifices funèbres non-seulement aux tombeaux d'Achille, de Patrocle et d'Antiloque, mais aussi au tombeau d'Ajax. (*Strabon*, XIII, I, page 104.) Alexandre le Grand sacrifia là, dans le temple d'Achille, qui avait été victorieux sur la même côte, où lui, Alexandre, avait abordé pour chercher la gloire (*Plutarque*, *Vie d'Alexandre; Cicéron, pro Archia*, 10; *Ælien*, V. H., 12, 7). Caracalla fit avec son armée des sacrifices funèbres à Achille et des courses en armes autour de son sépulcre. (*Dion Cassius*, LXXVII, 16.)

Il paraît, d'après un passage d'Hérodien (IV, p. 142), que, lors de cette visite de Caracalla à ce tombeau, cet empereur voulut avoir son Patrocle pour pouvoir imiter les funérailles qu'Achille fit à son ami. Festus, l'ami intime de Caracalla, meurt subitement, et Hérodien semble insinuer qu'il meurt empoisonné, car il dit : « Ὡς μέν τινες ἔλεγον φαρμάκῳ ἀναιρεθείς. » Il lui fait alors des obsèques splendides, en imitation parfaite des funérailles qu'Achille fit à son ami Patrocle, et qui sont décrites avec autant de beauté que de précision dans le XXIIIe chant de l'Iliade. Puis Caracalla fait élever sur les cendres de Festus un tumulus conique, semblable à celui de Patrocle. Je suppose que c'est le tumulus appelé *Agios Démétrios Tépé*, sur le rivage élevé de la mer Égée, à 4 kilomètres au sud de Sigée. Je suis étonné de voir que M. Mauduit ait pu reconnaître ce tombeau dans celui d'*In-*

Tépé que la tradition désigne comme le tombeau d'Ajax, et qu'il ait été induit en erreur par la maçonnerie romaine qui s'y trouve. Cette maçonnerie provient sans aucun doute de la restauration par Hadrien, dont j'ai déjà parlé.

Pour revenir au grand tombeau, situé à l'extrémité du cap Sigée, on avait dans toute l'antiquité la conviction que c'était le sépulcre d'Achille, et cette conviction était fondée autant sur le parfait accord de la situation de ce tumulus avec la position du camp d'Achille à l'extrémité droite de la plaine, que sur la tradition constante parmi les habitants du pays.

CHAPITRE XXI.

Ville de Yénitchéri. — Beau panorama de la plaine de Troie. — Insomnie sur le toit d'une étable. — Tombeau de Festus. — Ancien canal. — Ruines. — Néochorion. — L'aimable démarque Georgios Mengioussis et le savant marchand estropié Constantin A. Kolobos. — Beschica-Tépé. — Udjek-Tépé considéré comme le tombeau du prophète Élie. — Ruines d'une ville. — Inscription. — Retour à Bounarbaschi.

Je montai à la ville de Yénitchéri, sur le cap Sigée, dont le plateau est à environ 80 mètres au-dessus du niveau de la mer. On jouit de là d'une vue superbe sur toute la plaine de Troie, et m'étant assis, l'*Iliade* en main, sur le toit d'une maison, je m'imaginai voir sur le rivage, au-dessous de moi, la flotte, le camp des Grecs et les assemblées, puis la ville de Troie avec sa Pergame sur le plateau d'Hissarlik, et les marches, les contre-marches et les combats des troupes dans la plaine entre la ville et le camp.

Pendant deux heures je passai ainsi en revue les principaux événements de l'*Iliade*, jusqu'à ce que l'obscurité et une faim dévorante me forcèrent de descendre.

Je m'arrêtai à un café, d'où je renvoyai mes cinq

ouvriers. Contre mon attente, je n'avais pas trouvé à les utiliser à Hissarlik; car, sans faire de petites fouilles, j'avais remporté la pleine conviction que cet endroit est l'emplacement de l'ancienne Troie, et pour faire de grandes fouilles le temps n'était pas propice, car en août le climat est pestilentiel dans la plaine, et la terre est trop sèche. La meilleure époque est avril et mai.

N'ayant rien eu depuis six jours que du pain noir d'orge et de l'eau, je demandai dans le café un peu de viande. On se hâta d'apporter une poule pour me l'apprêter; mais la pauvre bête semblait soupçonner le mauvais tour qu'on allait lui jouer, et elle commença à crier si fort que j'eus compassion d'elle, et que j'offris de payer son prix si on la mettait en liberté. Mais je fis néanmoins un assez bon souper, parce qu'on m'apporta en échange huit œufs, du pain frais et du vin. Ce vin avait été importé de l'île voisine de Ténédos, car on néglige la culture de la vigne dans la plaine de Troie.

On m'avait préparé un lit dans une chambre de bonne apparence; mais, voyant que les murs fourmillaient de punaises, ce fléau de l'Asie Mineure, je ne voulus pas m'y risquer, et je choisis un gîte sur le toit d'une étable. Mais, à peine m'y fus-je couché, que je me sentis assailli par des milliers de puces, qui ne me laissèrent pas un moment de repos pendant toute la nuit.

Le lendemain, à cinq heures du matin, je partis avec mon guide vers le sud, en suivant toujours les hauteurs à droite de la plaine; et, à environ 4 kilomètres de Yénitchéri, sur le rivage de la mer Égée, je passai près d'un autre tumulus conique, qui évidemment n'avait pas encore été fouillé, et qui est, je le répète, selon mon opinion, le tombeau de Festus.

Le rivage a dans cet endroit 33 mètres d'élévation, et le tumulus 15 mètres de haut et 53 mètres de diamètre à sa base.

Immédiatement après, je passai un très-ancien canal artificiel, long de 1 kilomètre, qui est creusé dans le rocher, à travers le promontoire. Il y a bien aujourd'hui 5 mètres de terre dans le lit de ce canal, qui paraît être abandonné depuis des siècles; ses bords peuvent avoir eu dans l'origine une hauteur de 33 mètres.

Un peu plus loin, j'arrivai à une colline plate de 14 mètres de haut, qui était couverte, sur un espace de 166 mètres de long sur 40 mètres de large, des ruines cyclopéennes de quelque grand édifice, citadelle ou temple.

Puis je passai par le beau et grand village grec de Néochorion, où je m'arrêtai dans la maison du démarque, appelé Georgios Mengioussis, homme très-aimable et très-intéressant, qui s'empressa de me montrer le village et plusieurs anciennes sculptures d'une exécution parfaite, qu'il avait découvertes à quelques centaines de mètres de sa maison, dans des fouilles entreprises par lui sur la pente du rivage de la mer; évidemment une ville a existé dans l'antiquité sur le rivage au-dessous de Néochorion, et sur l'emplacement même de ce village.

Je trouvai dans le marchand Constantin A. Kolobos une autre personnalité très-intéressante, véritable phénomène d'érudition pour ce pays. Il parle et écrit dans la perfection l'italien et le français, et il comprend admirablement bien tous les anciens auteurs grecs. Son érudition m'est d'autant plus inexplicable qu'il se l'est acquise par ses propres études et sans maître, qu'il est né estropié des deux jambes, et qu'il n'a encore jamais quitté son village. Ni son malheureux état, qui le force de rester toujours assis et de se faire porter à bras pour sortir, ni son érudition, ne l'empêchent de suivre son commerce, dans lequel il s'est acquis une grande fortune.

A environ 6 kilomètres plus loin, nous arrivâmes à un autre tumulus funéraire de 12 mètres de haut et de 50 mètres de diamètre à sa base, qui est appelé Beschica-Tépé, et qui n'a également pas encore été fouillé. Puis nous tournâmes à l'est pour visiter le canal artificiel que j'ai déjà décrit, et qui conduit les eaux du ruisseau de Bounarbaschi-Sou dans la mer Égée.

Ensuite nous visitâmes le tumulus d'Udjek-Tépé, *le pseudo-tumulus d'Æsyétès.*

J'ai déjà donné les immenses dimensions de ce tombeau, qui occuperait seul tout l'espace d'un grand cimetière moderne. Comme il est construit sur un terrain élevé, on le voit à une grande distance dans la mer.

Ce tumulus n'a pas encore été fouillé par l'homme; mais on y voit plusieurs tanières de loups ou de renards. Il est appelé μνῆμα Ἰλίου par les paysans grecs, qui, trompés par la ressemblance du nom, croient que le prophète Élie y est enterré, et chaque année, à la fête de ce saint, on vient en masse pour faire sur ce tombeau des prières et des sacrifices funèbres, comme l'attestent les grandes quantités de morceaux de poterie et les nombreux vestiges de feu sur le sommet du tumulus.

A 1 kilomètre au sud je passai les ruines d'une ancienne ville, qui paraît avoir été belle et florissante; car j'y trouvai de nombreux fragments de colonnes et de sculptures de marbre, de plus une inscription grecque gravée dans un bloc de marbre, qui semblait remonter vers la fin de la république romaine. Malheureusement, je ne pus l'emporter, car le bloc de marbre était trop grand, et l'inscription était trop longue pour être bien copiée en quelques heures.

Je retournai ensuite à Bounarbaschi, où je campai derechef, pour la nuit, sur le rocher, à côté des 34 ou 40 sources.

CHAPITRE XXII.

Nouvelle visite à Hissarlik. — Ophrynium. — Départ pour Alexandria-Troas. — Forêt de chênes. — Ruines grandioses d'Alexandria-Troas. — Ancien port. — Boulets de canon taillés dans les colonnes. — Charrettes à musique. — Le village d'Ougik. — Le filou Topal. — Retour à Néochorion. — Ma plainte. — Départ. — Abondance de tortues dans la plaine de Troie. — Retour aux Dardanelles. — Affreuse saleté dans l'hôtel. — Superbe collection d'antiquités de Frank Calvert.

Le lendemain, 16 août, je partis de nouveau avec mon guide pour visiter encore une fois Hissarlik, d'où nous montâmes la magnifique vallée du Doumbrek-Sou (*Simoïs*) jusqu'aux ruines de Palaio-Castron, l'ancien *Ophrynium*, l'endroit du tombeau d'Hector.

Nous suivîmes ensuite le Doumbrek-Sou, qui se perd sous les cailloux et le sable au-dessus du village Halil-Éli; mais il reparaît au-dessous du village. Un ruisseau s'en sépare alors, passe le marais du côté nord d'Hissarlik, et se joint à la petite rivière Kalifatli-Asmak, près du village de Koum-kévi, tandis que, comme je l'ai déjà dit, le bras principal du Doumbrek-Sou coule de Halil-Éli vers la chaîne des collines de Rhétée à l'ouest, et forme ensuite une courbe en tournant au nord. Le canal artificiel dont j'ai déjà fait mention le relie dans cette courbe au Kalifatli-Asmak. Il semble recevoir beaucoup d'eau par cette voie ; car, à partir de cet endroit, son lit devient plus large et plus profond. Ses bords sont très-hauts et escarpés à son embouchure, qui a la forme d'un petit port et est appelée, à cause de cela, Haranlik- liman.

Je visitai de nouveau l'embouchure de cette rivière et du Kalifatli-Asmak, pour en examiner les bords encore une fois avec la plus grande attention, et, plus que jamais convaincu que cette plaine ne peut dans aucun cas être le produit de l'alluvion des fleuves, je retournai le soir avec mon guide à Bounarbaschi, où je passai de nouveau la nuit aux sources.

Le lendemain, 17 août, à cinq heures du matin, je partis avec mon guide pour Alexandria-Troas, appelée par les habitants *Iskistamboul.*

Cette ville, fondée par Antigone et appelée par lui *Antigonia,* fut agrandie et embellie par Lysimaque, qui lui donna le nom d'Alexandria-Troas en l'honneur d'Alexandre le Grand. Elle est située sur la côte de la mer Égée, au sud-sud-ouest de la plaine de Troie, et à environ 20 kilomètres de Bounarbaschi.

Le chemin nous conduisit d'abord par des terrains incultes, couverts de chênes sauvages et de pins, puis par des forêts de beaux chênes qui occupent aussi l'emplacement de l'ancienne ville. Avant d'arriver, nous passâmes plusieurs cimetières turcs, dont tous les tombeaux sont ornés de magnifiques marbres sculptés, qui ont été enlevés d'Alexandria-Troas.

Les murs de la ville, qui ont 10 mètres de largeur, consistent en deux rangs de pierres de taille, parmi lesquelles j'en vis beaucoup qui avaient 2ᵐ66 de long sur 1ᵐ34 de large. L'espace entre ces deux rangs de pierres est rempli par une maçonnerie de petites pierres et de tuiles. Plusieurs portes de la ville sont bien indiquées. A chaque pas qu'on fait dans l'intérieur, on trouve les ruines de grands bâtiments, et, si la forêt épaisse de chênes ne faisait pas obstacle, la vue serait des plus magnifiques et des plus intéressantes.

Parmi ces ruines je remarquai particulièrement celles de deux tours rondes, qui ont apparemment fait partie d'un palais; puis les restes d'un immense établissement de bains, qui n'a pas moins de 350 mètres de long sur autant de large, et dont les murs ont une épaisseur de 6 mètres 66 centimètres; on y voit plusieurs arches de 10 mètres de diamètre.

On trouve dans la forêt des centaines de colonnes de marbre, les unes couchées par terre, les autres debout, qui ne laissent pas de doute sur la magnificence d'Alexandria-Troas. A juger d'après l'étendue des ruines, cette ville peut avoir eu une population de 500,000 âmes.

Après avoir traversé la ville dans tous les sens, je vins au petit village turc appelé, de même que l'ancienne ville, *Iskistamboul*, où je m'arrêtai à la maison d'un Turc pour déjeuner. Ce brave homme s'empressa de me présenter du pain, du fromage de chèvre, des œufs, des raisins, des melons et de l'eau de source; j'avais un terrible appétit, qui fut encore assaisonné par la vue de l'extrême propreté qui régnait dans la maison. Je donnai au brave Turc 1 fr. 40 pour le repas, et il en fut si content qu'il s'offrit à me conduire à l'ancien port d'Alexandria-Troas.

L'étendue de ce port, qui est de forme ronde, est exactement indiquée par les ruines d'un ancien magasin de douane et d'autres constructions, et par de nombreuses colonnes; il ne peut pas avoir dépassé 100 mètres de diamètre, et l'on ne conçoit vraiment pas comment ce port lilliputien peut avoir suffi à une si grande ville. L'entrée du côté de la mer étant à présent bouchée par les sables, il ne reste du port qu'un petit étang.

Je partis du village *Iskistamboul* vers une heure de l'après-midi, dans la direction de la plaine de Troie, où je comptais passer la nuit.

En passant le long du bord de la mer, je pus voir une masse immense de boulets de canon en granit et en marbre, de 33 à 67 centimètres de diamètre, rangés en tas comme dans les arsenaux. Ces boulets ont été taillés par les Turcs dans les colonnes d'Alexandria-Troas.

Le chemin nous conduisit presque continuellement par des champs incultes, couverts de chênes sauvages et de pins.

Vers quatre heures et demie je passai par le village Gikly, qui est habité seulement par des Turcs agriculteurs, et qui semble être situé sur l'emplacement d'une ancienne ville, car, dans les murs des puits, des maisons et des cloisons, je vis partout des débris de sculptures; mais il se peut aussi que ces derniers aient été apportés ici d'Alexandria-Troas.

Les habitants du village étaient occupés à battre le blé et à le nettoyer, et, hommes, femmes et enfants, tout le monde y était occupé. Pour le transport des fardeaux ils se servent de charrettes à deux roues, qui n'ont pas de jantes et qui consistent en un disque de bois entouré d'une bande de fer. Il semble qu'on ne graisse point les essieux de ces charrettes, car ils font une musique à écorcher les oreilles, même à une grande distance.

Mon cheval était tellement fatigué, que je ne parvins qu'avec beaucoup de peine, vers neuf heures du soir, au village d'Ougik, où je fus forcé de rester la nuit. J'avais aussi beaucoup de raisons de me plaindre de mon guide, qui tâchait de me tromper à toute occasion. En outre je désirais retourner au plus tôt aux Dardanelles, et je me hâtai donc de trouver un nouveau guide et deux chevaux pour le lendemain matin; mais toutes mes recherches restèrent inutiles.

Enfin un homme, du nom de Topal, se présenta, disant qu'il avait trouvé pour moi deux bons chevaux, mais qu'on en exigeait 50 piastres, et qu'il réclamait, lui, d'avance un pourboire de 10 piastres. Comme j'étais à bout de patience, j'acceptai l'offre et je payai les 10 piastres. Je me couchai ensuite dans la rue devant une maison; mais à peine me fus-je endormi, que le même homme revint me dire qu'il fallait que je payasse les 50 piastres d'avance, ou qu'autrement je n'aurais pas de chevaux le lendemain.

Ne sachant comment me tirer autrement d'affaire, je lui payai les 50 piastres et m'endormis derechef. Il revint me réveiller à une heure et demie du matin, disant que les deux chevaux étaient prêts dans une cour voisine et m'invita à le suivre. Il me conduisit dans une cour, où je vis effectivement un homme et un cheval ; à ma demande où était l'autre cheval, il me répondit qu'il était dans la cour voisine ; et tout à coup il disparut. L'autre homme attacha mon sac de voyage sur le cheval, lorsque je reconnus, malgré l'obscurité, que c'était le même coquin et la même misérable *rossinante* fatiguée qui m'avaient causé tant d'ennui depuis plusieurs jours, et il n'y avait aucun autre cheval.

Je vis que j'avais été dupe d'un filou; mais, comme il avait disparu, je tombai sur l'autre homme, qui devait être son complice, et, à force de menaces, je réussis à obtenir de lui quarante-huit piastres; c'était tout ce qu'il prétendait avoir reçu de l'autre.

Je voulus alors avant tout me venger du filou, et, ayant loué moyennant dix piastres un gamin pour porter mon sac de voyage, je me mis à trois heures du matin en route, à pied, pour le village de Néochorion, distant de 9 kilomètres, pour y faire ma plainte. Je dus passer au pied du tumulus d'Udjek-Tépé, dont les ténèbres semblaient augmenter encore les immenses proportions.

Nous courûmes si vite que nous arrivâmes à quatre heures, trempés de sueur, à Néochorion, où je m'arrêtai dans un café.

J'y écrivis à la hâte en grec une plainte, que je présentai à l'aimable démarque, Georgios Mengioussis, en le priant de mettre le malfaiteur Topal immédiatement en prison, d'exiger de lui les douze piastres volées, et de les donner aux pauvres du village.

Le magistrat me répondit qu'il enverrait à l'instant même un gendarme pour emprisonner ce coquin, car il était grandement soupçonné d'avoir commis plusieurs vols de bétail, et, par suite de ma déclaration, il n'y avait plus aucun doute sur sa culpabilité quant à ces vols.

Je fis ensuite avec le cafetier Georgios Tirpos l'accord que, moyennant vingt-sept piastres, il me donnerait un cheval jusqu'à Rinkoï et qu'il m'y accompagnerait sur un âne.

Nous traversâmes la plaine de Troie, d'où nous débouchâmes sur les hauteurs du cap Rhétée, et j'eus ainsi encore une fois la satisfaction de traverser le Scamandre, le Kalifatli-Asmak et le Simoïs, et de voir de loin Hissarlik, les tombeaux d'Ajax, d'Achille, de Patrocle, etc.

En passsant par le terrain élevé, au-delà de la plaine de Troie, je vis à côté du chemin une pierre de 30 centimètres de long, sur 16 de large, avec une longue inscription grecque, dont il manque malheureusement la moitié. Je n'ai pas besoin de dire que, malgré ce défaut, je pris cette pierre avec moi, pour l'ajouter à ma collection.

Ici comme en Grèce on ne tue pas les tortues, et par conséquent il y en a une quantité immense; on rencontre à chaque pas des tortues de terre, et chaque fleuve, ruisseau ou étang fourmille de tortues aquatiques.

Je ne conçois vraiment pas pourquoi on n'exporte pas ces animaux en France, où ils sont considérés comme un mets d'une grande délicatesse et où ils se payent si cher. Mon guide me dit qu'il était sûr que dix ouvriers pourraient ramasser en quelques jours une centaine de milliers de tortues.

Arrivé à midi à Rinkoï, je louai, moyennant vingt-cinq piastres, deux chevaux pour me conduire aux Dardanelles, où j'arrivai à quatre heures de l'après-midi. Je m'arrêtai à l'unique hôtel de la place, où je pris une chambre. Étant harassé de fatigue, je m'étendis sur le lit et m'endormis immédiatement. Mais à peine eus-je dormi un quart d'heure que je fus réveillé en sursaut par des douleurs atroces aux mains, au visage et à la nuque; et quelle ne fut pas mon horreur, lorsque je me vis couvert de punaises, dont j'eus la plus grande peine à me débarrasser!

Malheureusement il n'y avait aucun départ de bateau à vapeur pour Constantinople avant le 21 août; il me fallut donc passer trois nuits aux Dardanelles.

Pour ne plus être tourmenté par la vermine, je passai les nuits couché hors de la ville, sur le sable du rivage de la mer, en faisant veiller auprès de moi deux ouvriers grecs, armés de pistolets et de poignards, et, pendant le jour, je me tins à l'hôtel, en lisant sur le balcon qui donne sur la mer.

Je profitai de mon séjour aux Dardanelles pour

voir la riche collection d'anciens vases et d'autres objets curieux que l'ingénieux et infatigable archéologue Frank Calvert a trouvés dans ses nombreuses fouilles.

FIN.

TABLE DES CHAPITRES.

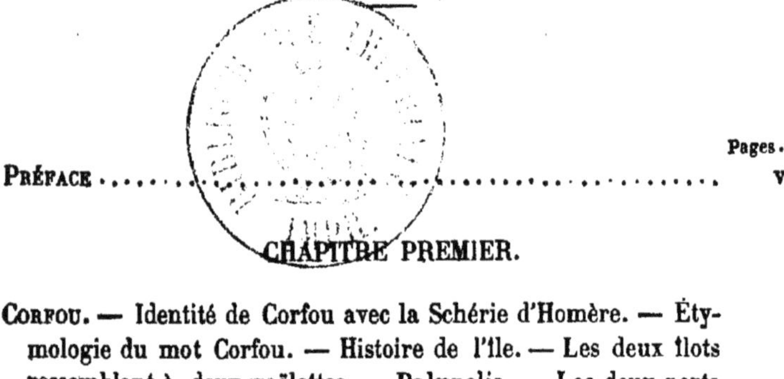

CHAPITRE IV.

CHAPITRE V.

CHAPITRE VI.

CHAPITRE VII.

CHAPITRE VIII.

CHAPITRE IX.

CHAPITRE X.

CHAPITRE XI.

CHAPITRE XII.

CHAPITRE XIII.

CHAPITRE XIV.

CHAPITRE XV.

CHAPITRE XVI.

CHAPITRE XVII.

CHAPITRE XVIII.

CHAPITRE XIX.

CHAPITRE XX.

CHAPITRE XXI.

CHAPITRE XXII.

FIN DE LA TABLE.

www.ingramcontent.com/pod-product-compliance
Ingram Content Group UK Ltd.
Pitfield, Milton Keynes, MK11 3LW, UK
UKHW022052260726
13993UKWH00001B/65

9 782329 328157